明治図書

1年間
まるっと
おまかせ！

小1担任
のための
学級経営
大事典

『授業力＆学級経営力』
編集部

JN032812

イントロダクション
小1担任の学級経営
5つの鉄則

佐賀県唐津市立入野小学校　**小倉美佐枝**

1　担任の先生の明るさと元気さが「心の支え」になる

　1年生の子どもたちにとってはじめてがたくさんで，ドキドキ（不安）と
ワクワク（期待）が入り混じっている状態です。それは入学したてに限らず，
1年生としての時間が終わるまでの間，いくつもの「はじめて」の場面に出
合います。

　そんなとき，子どもたちの心の支えになるのは，やはり，「担任の先生」
です。子どもたちは，先生の明るい笑顔や優しい声かけ，元気な立ち振る舞
いを見ています。子どもたちが失敗するかもしれない，うまくいかないかも
しれないと，先生自身が不安そうな顔をしていると，子どもたちにもその気
持ちは伝わってしまうものです。

　私が子どもたちと一緒に「はじめて」に向かうときは，「よーし！　やる
ぞぉ！　エイエイオー！」と明るく元気にかけ声をかけていました。学級や
教室内の雰囲気をまずは，担任の先生からつくっていくように心がけていく
ことです。不安そうにしていた子どもたちも，私と一緒に，「エイエイオ
ー！」と言いながら手をあげていました。学級の雰囲気も明るくなりますね。

2　言葉と絵（イラスト）をいつもセットで指示を出す

　学校（教室）は，言葉だけでの口頭指示が飛び交いやすい場所です。学年

が上がるにつれて学校生活で経験することが増えていくと，「あ，あのことね！」とわかるのですが，１年生の場合，ものの名前も場所も，はっきりと覚えていなかったり想像しづらかったりすることがあります。黒板やホワイトボードに言葉で指示を出すことで視覚的にわかりやすくなるのは確かです。

　ただし，書いているのに，何度説明してもわからないという状態に出合うでしょう。文字をまだ読めない状態の子も多くいます。子どもたちは一度やったことがあったとしても，わからなくなることもあります。

　そんなときに，言葉とともに，絵やイラスト，写真があると，「あ！　そういうことか！」と理解しやすくなり，子どもたちも安心して行動できるようになります。最近では，タブレット端末もありますから，動画やスライドも視覚的に捉えるためのツールとして役に立つでしょう。登校してからの準備，帰りの用意の手順，給食や掃除の手順など，毎日取り組むことはカードにしておくとよいですよね。

　「先生の伝えたいことが，子どもたちに伝わるために何を用意したらよいのか」ということを念頭に置くと，指示の出し方もよりよくなっていくことでしょう。

3　「難しいだろうけど，やってみよう」の精神をもつ

　小学生になった！　という前向きのモチベーションが，１年生の活動の背中を押してくれるようにいつも感じています。どの学年よりも勢いとやる気があるといっても過言ではありません。

　でも，どうしても「１年生には難しい」「１年生にはできないだろう」と，担任の先生が物怖じしてしまう場面に出くわすこともあります。何事も経験ですから，やってみることが大切です。１年生には１年生なりのがんばりが見られます。

　担任の先生が想像するような「理想の姿や行い」ではないかもしれません。でも，１年生の子どもたちが一生懸命取り組んだのならば，それでオールオ

ッケーです。「できる・できない」の評価ではなく,「よくがんばった！」と認めることを大切にしてほしいと思います。

　1年生で経験したことを積み重ねながら成長していきます。小学校生活6年間の1年目であることを念頭に置き,結果よりも過程を丁寧にしていきたいものです。

4　うまくいかないときこそ,さあどうしようかと一緒に考える

　先ほど,「できる・できない」の評価よりも,「よくがんばった！」と認めることを大切にするように書きました。もちろん,どんなにがんばっても,うまくいかないこともあります。先生も「どうしたらいいのだろう」と困ってしまう状態になることもあるでしょう。

　そんなときこそ,先生自身は冷静に,少し離れて様子を観ることです。その場を離れるということではなく,「客観的に状況を分析する」ということです。大人から見ると,子どものトラブルは何気ない些細なことばかりです。でも,生まれて6〜7年の子どもたちは成長の途中で未熟ですから,教室で起きることはどんなことでも一大事なのです。感情的になって,言い合いになったり泣いたりします。その姿も「子どもらしさ」だと私は思います。絵本の『いいからいいから』(長谷川義史作)のおじいちゃんのように,「まあまあ,落ち着いて」と穏やかに接して,場を治めましょう。

　もちろん,その後が大切です。どんなに感情的になっていたとしても,落ち着いたら,一人ひとり話を聞いて,「困ったことになったねえ」「何がよくて,何がよくなかった？」「どうしたらよかったと思う？」などと状況を整理することです。先生が怒ったり,声を荒げたりする必要もありません。「よくなかったところをどうしていくか」それが何より大切です。

　その後の学校生活で,子どもなりに改善しようとしている姿を見つけたら,ほめましょう。そうやって,子どもたちは成長していきます。1年生のときから,トラブルにも丁寧に向き合っていくと,子どもたち自身で,自分の行

動や言葉づかいに向き合おうとするようになります。

　学級はみんなでつくるものですから，学級の中でのトラブルは，みんなが成長するための宝物です。学級全体でも「さあ，どうしようか」と伝えて，アイデアを出し合い，やってみよう！　と前に進むといいですよね。子どもたちの今と向き合って一緒に考えて，明るい未来を信じることを忘れたくないなあと思います。

5　保護者とのつながりは，担任からの先手でつくる

　学級の中には，「はじめて小学校に通わせます」という保護者の方もいます。1年生の子どもたちと同じ状態です。学校行事も，学級の様子も，子ども自身のことも，子どもから聞いた話に頼ることになります。

　いい話ならばよいのですが，時にはうまくいっていないことや友だちと困ったことなど，不安や心配が募る話もありますよね。実は，幼稚園や保育園，こども園に通っているころ，担任の先生と保護者の方は，毎日の連絡ノートに子どもの様子を事細かにやりとりされている場合が多いのです。そのため，1年生の担任から伝わる情報が少ないと，保護者の方が「1年生の先生がなかなか教えてくれない，学級の様子がわからない」と不安に思うことがあります。よいこともそうでないことも，担任の先生から「先手を打つ」ことです。

　伝える方法は，連絡帳に書いたり，電話をしたり，家庭訪問したりと様々です。連絡事項や子どもたちのよいことを伝えるならば学級通信もあります。あまりよくない内容のときには，「取り急ぎ伝えたい」という気持ちを表すために，連絡帳に「今日，お電話いたします」と一筆書き，子どもたちの下校後すぐに着信を残すということをしてきました。たいていの保護者の方は仕事中なので，なかなか電話に出られません。でも，その行動1つで，先生自身がその子を思う気持ちは伝わると思います。保護者の方も安心する環境づくりも大切ですね。

CONTENTS
もくじ

4月の学級経営のポイント

1 子どもとの信頼関係の構築を第一に考える

　私は，学級経営のポイントは，「教師が子ども一人ひとりといかに良好な関係を築けるか」にかかっていると考えています。

　下を向いているコップにいくら水を注ごうとしても入っていかないのと同じように，子どもと良好な関係を築いていないと，どんな話をしても，何をしようとしても，その子の心には入っていきません。逆に，子どもと良好な関係を築いていると，子どもは教師の言うことやしようとすることを好意的に受け止めてくれます。それは，1年生も同じです。

　信頼関係は1年間かけてじっくりと築いていくものですが，その中でも「出会いの4月」は最も重要です。「小学校入学」という大きく環境が変わる1年生の子どもや保護者にとって，毎日を一緒に過ごす担任の最初の印象はとても大きいと言えます。

　ぜひ，表情や話し方，立ち振る舞いを意識し，「先生はあなたのことが好きだよ」「いつでも応援しているよ」というメッセージをシャワーのように子どもに浴びせて，よい信頼関係を築いていきましょう。

2 まずは「安全・安心」を確保する

　「元気のある活発なクラス」「優しくて思いやりのあるクラス」「目標に向かって協力できるクラス」。それぞれの担任に，「こんなクラスにしていきたいな」という理想があると思います。それらの理想は，「安全・安心」という土台の上に実現されていきます。小学校に入学したばかりで，不安を抱えている子も多い4月。だれかに悪口を言われたり，暴力をふるわれたり，物を盗られたりすると，「学校が怖い」「学校に行きたくない」と感じてしまいます。

　まずは「この教室の中は安全に過ごせる場所なんだ」と，子どもに「安全」を感じてもらえるように努めましょう。トラブルが起きたら丁寧に対応し，安全を確保します。そのうえで，「あなたがいてくれてよかった」「そのままのあなたでいいんだよ」と，「安心」を育む声かけをたっぷりしていきます。

　教室は，子どもが1日の大半を過ごす場所です。だからこそ，まずは「安全・安心」を確保し，教室が子どもにとって「安全基地」となるようにしましょう。

3 保護者は「共育」の パートナーと考える

　我が子が小学校に入学するということは，保護者にとってもそれまでとは環境が大きく変わるということです。感慨深く喜ばしい一方で，不安や心配な気持ちも生じます。長子の保護者は特にそうです。子どもも「１年生」ですが，長子の保護者も「小学校の保護者１年生」なのです。

　そのため，保護者対応は，保護者の「不安・心配」を「安心・信頼」に変えられるよう，保護者の気持ちに寄り添った丁寧な対応をしていくことが基本となります。子どもを「共」に「育」てる「共育」のパートナーとして，保護者と連携・協力していきましょう。

4 ４月は「土づくり」を 丁寧に行う

　学級を花にたとえると，４月は「土づくり」の時期です。土の中には「学級」という名の大切な花の種が植わっています。この種を大きく育て，きれいな花を咲かせるためには，土台となる土をつくることが何より重要です。

　土を耕し，雑草を抜き，肥料をやり，水やりをする…。そうして養分をたっぷりと含んだ豊かな土にしていくことで，「学級」という名の種は，発芽の準備を始めます。

　４月が１年間の学級経営を左右するといっても過言ではありません。土づくりを丁寧に行っていきましょう。

（浅野　英樹）

4月

春休み
「やることリスト」

1　3月中にやること

①学年・学校単位でやること

> ・学年分掌の割り振り
> ・学年の理念，方針のまとめ
> ・担当クラス決定　名簿作成
> ・保育園・幼稚園・こども園等との引継ぎ
> ・学年通信，学年懇談会資料の作成
> ・教室，廊下，黒板，ロッカー，靴箱などの清掃

　新年度人事の発表は4月からと決められている学校もあるかもしれませんが，1年生担任の場合は，3月中に保育園や幼稚園等との新入児童の引継ぎが行われる関係で，内々に担任が知らされることが多いはずです。児童の情報の引継ぎが3月中の重要な準備になります。学年主任を中心として，担任全員が引継ぎに参加できるように場を設定しましょう。

　保幼こ園との引継ぎでの留意点は以下の通りです。学年団で共有して，必要な情報を確実に引き継げるようにしましょう。
・保幼こ園と小学校の教育環境の違いを理解して聞く
・指導要録・保育要録等を基に追加や補足する情報を聞く
　児童数によっては引継ぎの情報量は膨大なものになります。学年団で相談しながら，現時点で必要な情報を優先し，子どもが安心して小学校のスタートを切れるように準備を進めましょう。

②学級担任としてやること

・学級経営案の作成
・指導要録（学籍に関する記録）の作成
・学級通信の作成
・児童机・いす等の点検
・学級での全員の共有物の置き場所，掲示物等の準備
・教室の時計の時刻合わせ

　１年担任として３月中にできることは，環境を整えることが中心です。１学年に複数学級ある学校の場合，必ず学年団で相談しながら教室環境を整備しましょう。児童用ロッカーや靴箱等の個人で使うところや学級文庫や学級のボール等の共同で使うものを置く場所などは，できれば学年でそろえておくとよいでしょう。子どもの目線に立って，使いやすく整頓しやすい置き場を設定しましょう。また，場所の使い方だけでなく，子どもが登校してから下校するまで安全に安心して過ごすことができるように，子ども目線で学校生活の環境を点検しておきましょう。算数での時計の学習はまだ先ですが，時計は入学直後から子どもにとって大事な基準です。正しい時刻になっているか点検しておきましょう。

　学級経営案は，１年間担当する学級をどう育てていきたいかという担任の思いを字にして表現する大事なものです。学校によっては，経営案として管理職への提出は求められない場合もあるかもしれませんが，子どもや保護者への説明は必ずあります。１年生の場合は，小学校生活のスタートの学年でもあるので，子どもや保護者の期待も大きいでしょう。担任としての思いをだれが聞いてもわかるように具体的にまとめておくとよいでしょう。学級経営方針は学級目標にもつながります。子どもたちとどんな学級をつくっていきたいのか，３月中にわくわくしながら考えてみましょう。

2　4月に入ってやること

①学年・学校単位でやること

- ・自己紹介＋学年の方針，分掌共有
- ・入学式当日の動きの確認
- ・入学式学年懇談会資料作成の依頼
- ・入学式当日の配付物の確認
- ・学級編制名簿の掲示
- ・給食，清掃指導など方針共有
- ・名簿作成，名簿印刷，消耗品発注
- ・入学後の学習活動の相談

　1年生の4月で最も重要なのは，入学式です。6年間の小学校生活のスタートの日。子どもも保護者も期待に胸を膨らませて登校してきます。4月に入ったら，式自体だけでなく，当日の朝の登校時から子どもと保護者の目線に立って，準備を進めていきましょう。

　学年に複数学級ある1年生の場合，できるだけすべての学級で足並みをそろえておく方がよいでしょう。どの学級も同じように大切にお子様を受け入れますというメッセージにもなります。細かいようですが，教室に飾る「にゅうがくおめでとう」の看板の場所や，輪飾りの留める位置の間隔もすべてそろえることをおすすめします。環境だけでなく，入学式の朝，担任がどのように子どもたちを迎えるのか，保護者にどのような声をかけるのか等，学年で相談して，できるだけそろえておきましょう。

　入学後の生活も1年生は他学年とは異なるところが多いものです。給食や掃除の当番活動も徐々に始めていきます。始め方や時期も学年でそろえましょう。学年でしっかり相談しておくことが重要です。すべての準備を子どもが安心して学校生活をスタートできるためという目的をもって進めましょう。

②学級担任としてやること

- 学級活動の計画
- 教室環境の確認，整備
- 学級の子どもの氏名を覚える
- 座席表，時間割表，給食・掃除当番表の作成
- 入学式準備の日の用意
- 入学式のあいさつの検討，練習

　前述の通り，１年生では学年でそろえる部分が多いのですが，担任として自分の色を出せるのは，学級経営です。入学式では，子どもにどんな思いをもってもらいたいですか？　学校生活に安心して足を踏み出せるよう，入学式の日の帰り，明日からの学校生活にわくわくしながら「さようなら」を言いたいですね。そこで，入学式では担任の思いを詳しく語ることより，子どもたちが安心して下校できることを優先して，出会い方やあいさつを考えておきましょう。考えた出会い方やあいさつは，学年の他の担任とも共有しておくといいですね。

　多くの学校で，新年度が始まって数日後に他の学年の子どもも参加して入学式準備が行われると思います。１年生の教室の掃除や飾りつけにも，他学年の子どもががんばってくれるはずです。関係する学年の担任に，準備でお願いしたいことを早めに連絡しておくとよいでしょう。

　学級の子どもの氏名を覚えておくことも大切です。読み間違えることがないようにしておきましょう。

　この時期は入学式が最も気になるところですが，入学式はあくまでスタートです。式だけを打ち上げ花火のように，日常と切り離して特別にしないように留意しておきたいものです。子どもたちが入学後の学校生活が安心して送れるように，後のことをしっかり考えて必要な準備をしておきましょう。

（尾崎　正美）

4月

新年度１週間の
タイムスケジュール

１日目

登校 〜 8：00	・教室の開錠，窓の開放 ・教室内の確認 ・入学式の受付準備 ・入学式への持参物確認
8：15 〜 8：30	・入学式の流れ確認 ・式場の確認 ・服装の確認（コサージュ等）
8：40 〜 9：00	・子どもの出迎え，保護者の案内 ・出欠席の確認，学年主任に報告 ・トイレを済ませるよう声かけ ・教室の個人ロッカーへランドセル等を入れる補助
9：10 〜 9：30	・担任の自己紹介，あいさつ（子どもと保護者へ） ・入学式での動きの練習（子どもと） ・入学式へ入場するために整列 ・式場前に移動
10：00 〜 11：00	・入学式　式場へ入場 ・担任紹介 ・氏名点呼 ・入学式　式場から退場

11：10 ～ 11：30	・学級開き（学級活動） ・教科書の配付 ・保護者へのあいさつ ・明日の予定，持ち物の連絡
11：35	・下校 ・教室の整理・整頓，施錠
12：30～13:00	・入学式式場片づけ
13：00～15:00	・翌日の朝に向けて教室整備 ・学年会（翌日の学級活動の確認）

　小学校生活スタートの日です。子どもにとってははじめてだらけの１日です。子どもたちがどんな気持ちで今日１日を迎えているのか想像しながら，担任として行動しましょう。

　朝は，子どもたちが登校する前に，式の準備の最終確認を学年で行いましょう。教室環境，配付物，入学式の動き，式場環境等，担当まかせにせず，担任として必ず自分でも見ておきましょう。もし，不備が見つかったら，他の職員にも相談して早急に対応できるよう協力してもらいましょう。

　準備が整ったら，校舎入口付近で子どもたちを待ちます。登校してきた新入生が一番先に見るのが担任の顔です。笑顔で子どもたちとの出会いを喜びながら「ご入学おめでとうございます」とあいさつしましょう。学校によっては，ここで担任が子どもに名札をつけるところもあるかもしれません。「朝，何食べてきた？」などと子どもが答えやすい質問をして，子どもの緊張をほぐすといいですね。

　教室に全員そろってからは，入学式に向けて返事や礼の練習をします。時間に余裕をもって，トイレを済ませ，出席番号順に並んで式場入口まで向かいましょう。保護者と離れにくい子どももいるかもしれません。教育支援員も補助に入り，臨機応変に対応しましょう。

2日目

1時間目	学級活動	提出書類等の回収 自己紹介 本日の動きの確認 トイレの使い方の指導
2時間目	身体測定	更衣の仕方の確認 無言で移動・待つことの確認 お礼「お願いします」 　　　「ありがとうございました」
3時間目	学級活動	廊下の歩き方，靴箱の使い方の指導 下校の仕方の指導 明日の朝の時間の過ごし方の指示

①15分単位で活動を区切る

　今日から本格的に小学校生活が始まりますが，子どもたちをいきなり小学校の45分間の授業リズムに沿わせる必要はありません。いすにずっとすわって話を聞くことにあまり慣れていない子どももいます。はじめは，15分間を1つの活動単位として，短く切ることを心がけましょう。

②できていることをしっかり称揚する

　「話をしている人を見て聞く」「足の裏を床にぴったりつけてすわる」「名前を呼ばれたら返事をする」など，小学生ならできて当たり前のようなことでも，1年生にはまだ定着しているわけではありません。緊張しながら，一生懸命がんばっている子どもがほとんどです。当たり前のようなことでも，できていることをたくさんほめて認めていきましょう。担任からほめられることで，緊張もほぐれ，安心してきます。

③基本的なルールを指導する

　学校にはたくさんのルールがあります。しかし，最初からすべてのルールを伝えると，子どもにとっては大きな負担となります。2日目は，トイレ，廊下歩行，靴箱やロッカーの使い方等の毎日の生活に欠かせないルールのみに絞って指導しましょう。指導の際，なんのためのルールなのかということも，子どもたちに問いながら考えさせるとよいでしょう。

④出席番号，自分の席を覚えられるように工夫する

　学校で生活していくうえで，出席番号は大切です。まだ数の学習をしていない1年生ですが，自分の出席番号を覚えられるように工夫しましょう。15分の活動の切れ目で，出席番号並びなどの身体を動かす活動を取り入れ，楽しく出席番号を覚えられるようにしましょう。出席番号が大きな数の子どもの中には，数の大きさについてまだ理解できない子どももいます。そのため，番号だけでなく，番号順に並んだときの自分の前後の友だちの顔を覚えさせたり，座席を番号順に並べたりして，多様な方法で番号の順に慣れるようにしましょう。

⑤休み時間の過ごし方にも気をつける

　2日目は，休み時間に運動場で過ごすことは控えておく方がよいでしょう。1年生は入学後しばらく給食を食べずに3時間で下校する学校が多いでしょう。休み時間の指導は，3日目以降にして，2日目は教室の中で落ち着いて過ごせるように声をかけましょう。トイレや水分補給，机上の整頓など，休み時間に必ず行うことをしてから，時間が余ったら読書をしたり自由帳に絵をかいたり，友だちと話をしたりして過ごすように指導しましょう。休み時間も子どもたちがけがをしたり困ったりすることがないように，子どもの様子に目を配りながら，担任も教室で過ごしましょう。

4月

1時間目	学級活動	提出書類等の回収 朝の会の仕方の指導
2時間目	学級活動	6年生との交流 鉛筆の持ち方の指導
3時間目	学級活動	掃除の仕方の指導 帰りの会の仕方の指導

①段階的な指導で集団での役割についての理解を促す

　当番活動の1つに日直の仕事があります。朝の会，帰りの会，授業の号令，黒板消し等，仕事は複数あります。その日直の仕事，担任から「日直の仕事は〜です」という説明をして，すぐ始めることはやめましょう。子どもの主体的な活動を目指すなら，子ども自身が日直の仕事をしてみたいと思ってから徐々に担当させていくことをおすすめします。入学後1週間は，担任が日直の仕事をして見せましょう。子どもは担任の真似をしたがります。だんだん「自分も朝の会をしてみたい」と思うようになります。その声が出てから，子どもたちに徐々に任せていけば，はりきってがんばるでしょう。

②朝の用意，帰りの用意の定着化を図る

　昨日指導した朝の用意と帰りの用意ができている子どもを思い切りほめましょう。完全にできていなくても，少しでもできているところを見つけてほめましょう。ほめるポイントはたくさんあります。例えば次のことです。
□礼儀正しい挨拶　□元気のよい挨拶　□教室に入ってすぐ荷物の片づけ
□ランドセルのロッカーへの入れ方　□登校後自分からトイレを済ませる
□提出物を自分から出す　□教室で落ち着いてすわっている　□廊下歩行…
　できていることをきちんと評価していくことで，当たり前にできるべきことが定着していきます。

③学校は楽しいところだと思える体験を

　6年生との交流を入れてみましょう。1年生と6年生はペア学年として1年間を通して様々な場で関わります。6年生の担任と相談して，交流活動を決めましょう。活動内容は，6年生と交流しながら自然と学校のルールや学習にふれることができるものがよいでしょう。例えば，運動場の遊具で遊びながら遊具の使い方のルールを教えてもらったり，線なぞりのワークシートを一緒にしながら鉛筆の持ち方を見せてもらったり，折り紙を使って工作をしながらごみ捨ての仕方を経験したりということです。1年生との交流は6年生に最高学年としての自覚をもたせるうえでも重要です。互いに意味のある交流をしていきましょう。

④話の聞き方の指導を重点的に行う

　集団生活で大事な力の1つに人の話を聞く力があります。入学後はじめの1週間でこの力を重点的に伸ばしましょう。1年生の特性を考慮して，話を聞く力を育てる指導のポイントは，次の3つです。

- ・人の話は最後まで黙って聞く
- ・話をしている人を見て聞く
- ・わからないことは話の後，質問する

　以上の3つを子どもに指導すると同時に，担任は話をするときに以下のことに留意しましょう。

- ・一文を短くわかりやすく話す
- ・上手な聞き方を称揚する
- ・言葉以外に視覚情報も用いて話す
- ・要所要所で質問はないか確認する

⑤掃除の仕方は実際に動きながら体験させる

　学校の規模にもよりますが，1年生の掃除担当場所は，教室周辺が中心です。縦割り班掃除の学校もはじめの1か月程度は1年生のみで教室周辺の掃除をする方がよいでしょう。ほうきや雑巾の使い方は全員が実際に体験しながら学べるようにしましょう。

4日目

1時間目	学級活動	休み時間の過ごし方
2時間目	避難訓練	避難経路の確認 避難時の留意点についての確認
3時間目	国語	学習の準備の指導 読み聞かせ，音読体験

①子どもの「やりたい」思いを大切に

　4日目になり，子どもたちは教室以外の場所にも興味をもち始めます。昨日の6年生との交流をきっかけに「休み時間は外で遊びたい」「お勉強をしたい」という思いが高まってくるころです。それを受けて，4日目は遊具や運動場の使い方，休み時間の時間の使い方や学習の仕方の指導を入れていきます。遊具や運動場の使い方は実際に外に出て学びましょう。予鈴を聞いたらすぐ教室へ戻ること，靴はきれいにそろえてしまうことなども，動きながら確認していきましょう。

②自分の身は自分で守る力をつける避難訓練に

　1回目の避難訓練は，避難経路の確認が主な目的です。全校での訓練の前に，事前に経路と避難方法を指導しておきましょう。幼稚園・保育園等でも「お・は・し・も」の合言葉で避難の仕方は学んでいますが，確認して全員が真剣に取り組めるようにしましょう。命を守る大切な訓練なので，約束が守れない子どもは注意し，安全な避難を徹底しましょう。

③きちんと準備　楽しく学習

　はじめての教科学習は国語がよいでしょう。机上の準備，姿勢，号令，発表などの体験を通して学習態度の基本を楽しく学べる工夫をしましょう。

5日目

1時間目	生活	学校探検
2時間目	国語	字を書く姿勢の指導 発表の仕方の指導
3時間目	算数	教科書を使って数の学習
4時間目	学級活動	給食当番の仕事の指導 給食準備についての指導
5時間目	地区児童会	高学年の班長に自分の通学班の教室につれていってもらうよう依頼

①1時間の学習を15分ずつ区切る

　教科の学習が始まっても，45分間を15分単位の活動で区切ると，子どもの集中が持続しやすいです。例えば生活科の学校探検。はじめの15分で学校にどんなものがあるか，今知っていることを伝え合います。次の15分でほかにも新しいことを発見できるかなという思いをもって実際に学校をみんなでまわります。最後の15分で見つけたことを発表し合います。

②給食について個別対応の事前確認を十分に

　4時間目は，給食当番と給食時間の過ごし方の学習です。多くの子どもにとって給食は楽しみな時間です。と同時に，食物アレルギーなど多様な個別配慮を必要とする時間でもあります。誤食などの事故が起こらないように，保護者や栄養士と十分に連携をとっておきましょう。異物混入にも十分気をつけ，担任がしっかり見守りながら配膳させるようにしましょう。給食当番の仕事は，はじめはうまくできなくて当たり前くらいの気持ちで子どもが考えて配膳や運搬できるように，必要以上に手を出しすぎないことも大切です。

(尾崎　正美)

全員安心の入学式5つのポイント

1 式当日の1日の流れを確認し，見通しをもつ

タイムスケジュール確認は念入りに。提案文書には書かれていないすきまの時間帯での自分の動きを，具体的にイメージしましょう。

2 とにかく「笑顔で」「目を見て」一人ひとりを出迎える

最初の出会いが肝心。笑顔が苦手な人は，自然な笑顔の練習も必要。「目は口ほどに物を言う」を意識しましょう。

3 入学式前～式での約束事を，端的に教える

限られた時間の中で，優先して伝えるべきことを「端的に・笑顔で・はつらつと」学級全体へ語りかけましょう。

4 入学式後～ほめほめ作戦＆話術で，信頼を得る

入学式でのがんばりを大げさなくらいほめましょう。1年生には「ほめすぎ」くらいが丁度よいでしょう。

5 明日への希望や安心感は，保護者に対しても忘れずに

子どもの期待感・安心感はもちろんのこと，ともに成長を支える保護者の安心感も引き出せるような語りかけや配慮を意識しましょう。

1 式当日の1日の流れを確認し，見通しをもつ

　全員安心の入学式をつくり上げるためには，まず，その前後の動きはもちろんのこと，1日の全体の流れを詳細に把握・確認し，教師自身が心の余裕と見通しをもって臨むことが大切です。

　係からの提案文書は，最低でも3回は隅々まで読み尽くしたいものです。「これは，どういうことだろう？」「ここは，どう動けばいい？」等の疑問点があれば，事前にしっかりと学年の先生や先輩方に聞いておきましょう。

　特に，次の2点は押さえておきたいところです。

①自分の動き方を具体的にイメージする

　出勤→玄関・廊下・教室の再確認→朝の職員打ち合わせ（全職員へのあいさつ。準備のお礼と今後の協力へのお願い）→最終確認→受付（担当職員との連携）→教室でお出迎え→入学式前（短学活）→入学式本番→入学式後（学級活動）→下校（個別の保護者対応）までの流れを頭に入れておく。

②1人でなんとかしようとしない

　動きや流れを何度も確認していても，想定外のことが起こるのが，学校であり教室。学年の先生方，特別支援学級担任の先生，支援員の皆さん，職員みんなでチームとして慌てず臨機応変に対応していくことを確認し合う。

2 とにかく「笑顔で」「目を見て」一人ひとりを出迎える

　学校によっては，新1年生の名札を，その日の朝に担任が本人の胸元へつけることがあります。以下の流れで丁寧に行いましょう。

(1)教室の教卓の上に，ひと目でわかるよう出席番号順に（重ねるのではなく）広げて並べておく。

(2)受付を終えた児童が，保護者とともに入室してくる（このときからビデオやスマートフォンで撮影されている場合もあるが…怯まない）。

(3)とにかく笑顔で「おはようございます」と，子どもへ声をかける。目を真っ直ぐに見て，「お名前を教えてください」「お名前は？」「お名前，言えるかな？」と，一人ひとりに語りかける。

(4)名札を手に取り，慌てずにつける。このとき，つけるのを嫌がる子には無理につけさせない（保護者に委ねる）。

(5)自分のランドセルをロッカーの中に入れて，自分の名前が表示されている席にすわって待つよう伝える。

(6)補助の先生やお手伝いに来てくれている高学年児童に引き渡す。

　名札の装着がない学校もあるでしょう。その場合も，一人ひとりとの出会いに「笑顔で」「目で言葉をかわす」瞬間があることを意識したいものです。

3 入学式前～式での約束事を，端的に教える

　全員がそろい着席したこと（もしくは欠席や遅刻連絡の有無）を確認し，入学式前の短学活を始めます。

　次に入学式が控えているため，ここでは1分たりとも時間を無駄にはできません。優先して伝えるべきことをしぼり，端的に・笑顔で・はつらつと，学級全体へ語りかけます。

> (1) 担任の自己紹介を行う…顔と名前を知り困ったときには呼べるようにする【安心感の確保】
>
> (2) 入学式について教える…この後，どう行動すればよいのかを知る【見通しの確保】
>
> (3) 「姿勢」「あいさつ」「聞き方」…式でのマナーを意識できるようにする【学びの確保】

「今日はこの後，とても大切な『入学式』を『体育館』という場所で行います。おうちの方や地域の皆さん，学校の先生方やお兄さんお姉さんに『1年生になるよ。がんばるよ』という気持ちを届ける式です。今までで一番かっこいい姿を見せてくださいね」

「すわる場所は，6年生のお兄さんお姉さんが教えてくれます。慌てなくていいからね。『皆さん，お立ちください』と言われたら，背筋をすっと伸ばして立ちましょうね」（実際にやってみる。姿勢のよい子をほめる）

「式の中で，1人ずつのお名前を鹿野先生が呼びます。自分の名前が呼ばれたら，元気いっぱいお返事しましょう。では，一度だけ練習をしますよ」（呼名してやってみる。大きな声で返事ができた子をほめる）

「校長先生やお客さまが，大切な話をしてくださいます。今，先生をしっかり見てくれているように，話す人の目をまっすぐに見て聞けると『1年生合格』だなぁ。期待していますよ」

4　入学式後～ほめほめ作戦＆話術で，信頼を得る

　緊張の中，入学式に参加しがんばった子どもたちを，まずは，大げさなくらいほめましょう。

　式からの退場後，私は教室の入り口に立ち（そのままトイレへ連れていくことも。その場合は，トイレ前にて）戻ってきた子どもたち一人ひとりに「がんばったね」「おつかれさま」「いいお返事だったよ」「お話しっかり聞いていたね」「歩くのも上手だったね」「すてきな1年生だね」と，笑顔で声をかけるようにします。

　トイレタイムを済ませ，落ち着いたら，学級活動を始めます。
「では，記念すべき1年1組1時間目のお勉強を始めます」
「先生が『始めます』と言ったら，皆さんも大きな声で『始めます！』のごあいさつをしましょう」
「始めます！」（にっこり微笑む）
「先生は，今日の入学式での皆さんの姿がとても立派で驚きました。そして，とってもうれしかったです。これから一緒にお勉強していくのが，ますます楽しみになりました。感動しました。ありがとう」
「改めまして，ご入学おめでとうございます」（満面の笑顔で一礼する）

　その後，改めて教室での呼名を行います。事前の準備として，児童用机の天板の他に収納の背側（教師から見えやすい場所）に児童の名前を表示しておくとよいでしょう。名簿を見ながら…ではなく，その子の目をまっすぐ見て余裕をもって名前を呼ぶことができるからです。

5 明日への希望や安心感は，保護者に対しても忘れずに

　教室での呼名の後は「かんたんな手あそび」「絵本の読み聞かせ」「学校三択クイズ」「先生○×クイズ」など，知的で楽しい活動を行います。

　その際「楽しい」「おもしろい」活動であることはもちろんですが，「私は，『なかま』を大切にした学級をつくります」「私は，何より『思いやり』の心を育てていきます」という担任としての思いが伝わるような活動を工夫し設定したいものです。

　最後に，保護者へのあいさつです。心をこめて語ります。
「本日は，ご入学誠におめでとうございます。改めて大切なお子さまをお預かりする責任の重さをひしひしと感じております。子どもたちの可能性をだれよりも信じ，一人ひとりの力を最大限に伸ばすのだという決意を胸に，全力で指導にあたっていきたいと思います。この1年間，保護者の皆さまのお力をお借りしながら『笑顔』にあふれた学級づくりに努めてまいります。何かご心配なことなどありましたら，いつでもご相談ください。どうぞよろしくお願いいたします」

　最後に「ご心配や不安なことがありましたら，お電話でも連絡帳に書いてくださっても結構です。ご家庭と学校が同じ方向を向きながら，お子さんの心身の健やかな成長を育んでいきたいと願っております。この後，個人的に担任に伝えておきたいことがある方は，遠慮なくお声がけください」と，保護者が担任に対して話しやすい雰囲気をつくっておくとよいでしょう。

　話をよく聞き，保護者の不安な気持ちを受け止めることが大切です。場合によっては，他の方には聞こえないよう声の大きさを配慮したり養護教諭につなげたりするなど個別の案件に丁寧に対応することが，信頼関係を築く大きな一歩となります。

（鹿野　哲子）

4
月

「黒板メッセージ」のアイデア

1　ワクワク感を大切にする

　１年生の子どもたちにとっては，何もかもがはじめてのことです。そこで，期待や希望をもって入学してきた子どもたちとの出会いを大切にするため，担任の名前あてクイズをします。写真にあるひらがなは完成した名前ですが，一つひとつをパズルのように黒板にシャッフルし，「黒板にひらがなが７つあるけど読める？」と聞きます。すると，「か」や「ひ」，「い」などと言う子どもたちが出てきます。そのとき，反応のよさや意欲などを価値づけし，ほめることができます。さらに，「これを並べ替えると先生の名前になるんだけど，わかるかな？」と聞きます。答えはいろいろ出てきますが，クイズの正解よりも子どもたちのワクワク感を大切にするスタートを意識します。

2 「素直さ」は成長のエネルギーと説く

　新学期がスタートして数日。朝の時間，写真にあるような図を子どもたちに次のように紹介します。

　「ABCそれぞれのコップがあります」「これは，みんなの心のコップです」「Aは『素直』な心が溢れ，いろいろな人からの話をきちんと聞いて動ける人です」「Bは，話はだいたい聞くけど，たまに聞き逃しちゃったり，行動できなかったりする人です」「Cは人の話を聞かずに，自分勝手な行動をする人です」「どの心がたくさん成長できるでしょうか？」

　すると，1年生の子どもたちは，「Aのコップ！」と答えてくれるでしょう。「そういったスポンジのような『素直』な心があると，どんどん成長することができますね」と伝え，「素直さ」は成長するためのエネルギーということを新学期スタート時に，一緒に確認します。

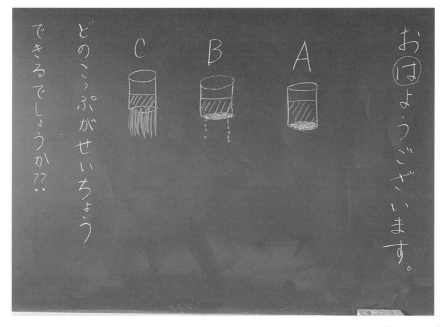

（加倉井英紀）

「教師の自己紹介」
のアイデア

1　「あいうえお」作文で名前を覚えてもらう

　1年生との出会いは，入学式。まだ学校がどのようなところかわからない子どもたちは期待と不安でいっぱいです。そんな子どもたちの緊張をほぐしてあげる必要があります。目の前に立っている「担任の先生」はどのような人なのか，きっと子どもたちも知りたいはずです。

　そこで，名前を使った「あいうえお」作文をつくりましょう。学級の人数にもよりますが，みんなが見えるようにできるだけ大きな画用紙に，少ない分量でつくるようにします。文字の大きさを変えて目立たせる工夫もしてみましょう。ひらがなが読めない子どもたちのことも考えて，ゆっくり，はっきりした声で読み上げるとよいですよ。

わ らいごえが，
とても
おおきいよ。

た くさん
きゅうしょくを
たべるよ。

な ににでも
ちょうせん
するよ。

べ んきょうが
たのしく
なるよ。

2 教師の得意なことと苦手なことを話す

　学年が上がっていくにつれて，子どもたちは失敗することを恐れるように
なります。それは，まわりの人がどう思っているのかどうしても気になって
くるからです。しかし，自分は自分。1年生のときから，苦手なこともさら
け出し，失敗しながらも，みんなに支えてもらいながら少しずつ成長してい
くことを伝えたいものです。ただし，「失敗してもいいんだよ」と伝えるだ
けでは，なかなか伝わりきらないものです。

　そこで，教師自身が得意なことと苦手なことを自己紹介の中に入れましょ
う。教師が得意なことを見せて「おー！」となる自己紹介はよく見ますが，
苦手なことを伝えて，「これをしているときは，先生のがんばりを見てくれ
るとうれしいな」と言うのです。そして，「みんなが苦手なことをがんばっ
ているときは，先生もしっかり応援しているからね」と言うと，苦手なこと
をがんばれば，みんなが応援してくれるということを子どもたちが感じ取っ
てくれる教師の自己紹介になるでしょう。

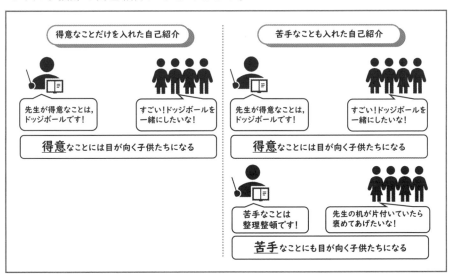

（渡邉　駿嗣）

「子ども同士の自己紹介」のアイデア

1　名札を持って自己紹介をする

　入学して間もないころに，自分の名前を短冊に書いて掲示する場合があると思います。その名札を利用して，自己紹介をしてみましょう。

　はじめて書く名前は，ときに不器用で，線が歪んでいることがあるかもしれません。しかし，その文字に自信をもって，名前をしっかりと伝えられるような指導をしていくといいと思います。

　「私の名前は，○○です。自分の名前の，こんなところが好きです」「この名前は，○○という願いがあるそうです」など，名前を印象づけられるような紹介を考えさせると，友だちの名前をよく覚えるようになります。

2　教科書を持って自己紹介をする

　１年生の子どもたちは，教科書をはじめて手にします。そして，学校で行われる授業に，かすかな憧れをもっています。そんなワクワクした気持ちを，自己紹介で表現してみましょう。

　まず，宿題で，自分や勉強してみたい教科書を選んでくるように話します。もし，迷うならおうちの人に相談してもいいこと，なぜそれを選んだかも考えられるとよいことなどを伝えます。必要に応じて，学年だよりやクラスだよりで自己紹介の意図を説明すると，保護者の協力を得やすくなります。

　本番では，教科書を持ちながら自己紹介します。名前や，好きなものを伝えた後で，どんな教科を学習したいと思うのかを話すようにします。

　地域によっては，多くの幼稚園や保育園から入学する学校もあるので，緊張せずに話せることを第一の目標にします。また，相手がどんな教科書を選んだとしても，冷やかすことのないように指導しておきます。

4月

（荒畑美貴子）

「学級通信第1号」のアイデア

1　まずは自分自身や自分の思いを伝える

　「学校は見えにくい」と言われることがあり，それが保護者と連携していく際の障壁となることもあります。そんな課題を解決し，教室と保護者との間に温かいつながりをデザインする手段が学級通信です。学級通信第1号では，まずは担任自身のことや思いを語ることから始めてみましょう。具体的には自己紹介や学年目標に込めた願い，学級開きでクラスの子どもたちに語ったことなどです。担任がどんな思いを大切に子どもたちと向き合っていこうとしているのかなどを保護者に知ってもらう機会は多くありません。しかし，温かい信頼関係を築き，手を取り合って子どもたちの成長を支えていくためには共有しておきたい大切なことです。自分を大きく見せようとせず，自分の思いを素直に書いていくのがポイントです。

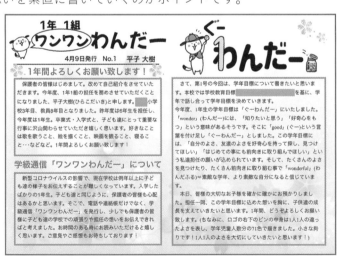

2 QRコードを活用して双方向的なものにする

　小学校に入学したばかりの4月。子どもたちはきっと，小学校生活への期待と同時に不安も抱えていることでしょう。そして，それは保護者も同様です。「学校ではどんな生活を送っているのだろうか」「笑顔で過ごせているのだろうか」「新しい友だちはできたのだろうか」このような想いを抱えながら子どもたちを学校へ送り出している保護者は多いと思います。そこでおすすめなのが学級通信でのQRコードの活用です。QRコードを活用すれば，動画で子どもたちの様子を伝えたり，子どもたちの成果物をまとめて配信しフィードバックをもらったり，Googleフォーム等のアンケートを使って保護者と対話することも可能です。動画を用いることで，子どもたちの様子や学級の雰囲気をより詳しく伝えることができます。子どもの成果物を配信しフィードバックをお願いすれば，授業での子どもたちのモチベーションや成果物の質も上がります。Googleフォーム等で保護者と日頃から温かいコミュニケーションが取れれば，学校と保護者が手を取り合って子どもたちの成長を支えていくための土台を築くことができます。

（平子　大樹）

生活指導のポイント

1　「チャイムで動く」指導のポイント

　1年生は，授業の開始や終了が「チャイム」を合図にしていることさえ知りません。チャイムが鳴ったら席に着き授業が始まること，授業を45分してチャイムが鳴ったら休み時間になることを覚えなければいけません。まず，授業開始のチャイムが鳴ったら，自分の席に着くことを教えましょう。

　ただ，入学して間もない1年生は，チャイムが鳴った後でトイレに行きたくなる子もいます。トイレに行きたい子は行かせ，休み時間に行った子をほめましょう。

2　「休み時間の使い方」の指導のポイント

　入学してすぐは，休み時間になっても何もせずに1人ですわっている子もいます。休み時間が何をする時間なのか教えなくてはいけません。

　まず，トイレに行くこと，後は自由に過ごしてもいいことを伝えましょう。

　ただし，休み時間に教室で走り回ったり暴れたりしないことも伝えます。お絵かきや読書等，おすすめの休み時間の使い方も教えましょう。

　運動場に出ていい休み時間や使ってもいい場所等，学校でルールが違うの

で，遊んでよい場所も伝えます。早い時期に，実際に遊んでよい場所にクラスの子どもたちと一緒に行って確認しましょう。

3　「健康観察の仕方」の指導のポイント

　朝のあいさつ・健康観察は，１日の学校生活のスタートの大事な時間です。「はい。元気です」や「はい。風邪気味です」等，挙手をしてしっかりとした声で言えるように伝えましょう。

　慣れるまでは，「はい。元気です」と返事をする練習をします。「男の子」「はい。元気です」「女の子」「はい。元気です」「今日，１人で起きた人」「はい。元気です」等，ゲーム感覚でやるとなお盛り上がります。

4　「引き出しの使い方」の指導のポイント

　机の引き出しは，どこに何を置くのか写真やイラストを提示し，子どもに伝えましょう。

　１日のうちどこかで引き出しの中を確認する時間を取ると，引き出しの中が汚くなりません。

　できれば，掃除の時間より前にその時間を取ることをおすすめします。帰る前になって引き出しを整理すると，引き出しの中身を落としたまま下校したり，教室にごみが落ちたままになったりすることがあります。時間に余裕がある間にやりましょう。

5　「廊下歩行」の指導のポイント

　学校の廊下は，まっすぐで長いので，１年生はつい走ってしまいます。

まず，「廊下は歩く（走らない）」というルールがあることを伝えます。また，そのルールを守らないと，教室から出てきた友だちとぶつかる等，危険があることも付け加えます。

「廊下は歩く（走らない）」というルールは，安全に学校生活を送るための大事なルールです。教室に「廊下は歩く」という内容の掲示をし，毎日一度は読むようにします。

運動場に遊びに行ける休み時間や下校時，短い時間でもいいので廊下に出て見守りましょう。下校時，一緒に靴箱まで行くと，子どもたちも走りません。

また，入学してすぐに，身体測定等の保健行事や集会等，クラス全員で廊下を歩くことも多くあります。教室移動の際は，話をせずに歩くことも忘れず指導します。

6 「提出物の出し方」の指導のポイント

朝から毎日提出するものには，連絡ノートや宿題等があります。それぞれに，大きさの合ったかごや箱を準備し，何をどこに提出するのか教えましょう。

連絡ノートには，連絡があった場合すぐにわかるような工夫をしておきましょう。

右の写真のように表紙の裏にしおりを糊づけし，連絡があるときに見えるようにしておくのがおすすめです。

7 「ものを置く場所」の指導のポイント

体育服入れや上靴入れを置く場所を伝えます。

タブレットを引き出しに入れると他の教科書などが入らないので，タブレ

ットは机の横のフックがよいでしょう。

　机の横のフックにひもの長いナップサックのようなものをかけると，足にかかって転ぶ原因となりますのでおすすめしません。

8　「靴箱」での指導のポイント

　下校時，「さよなら」のあいさつをしたら，靴箱までついて行くことをおすすめします。靴箱の使い方を個別に指導できます。

　１年生は，座ってからでないと靴に履き替えることができない子がいます。

　そのようにして何人も座って履き替えると靴箱が渋滞します。できれば立ったまま履き替えるように伝えます。

4月

　傘立てに傘を立てる際の指導も，雨の時期の前にしておきましょう。

9　「トイレのスリッパ」の指導のポイント

　トイレを使うときは，スリッパに履き替えること。次にトイレを使う人のことを考えてスリッパを並べることを伝えましょう。

　下記のようによい例とよくない例を写真で見せると効果的です。

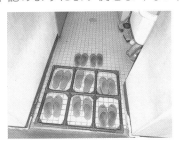

学習指導のポイント

1　「授業中の姿勢」の指導のポイント

　「ぐう，ぺた，ぴん」という言葉があります。授業中の姿勢を表す言葉です。

　「ぐう」は，机とおなかの間がじゃんけんの「ぐう」１個分ということです。「ぺた」は，足の裏を「ぺた」と床につけるということです。「ぴん」は，背筋を「ぴん」と伸ばすということです。

　ただ，この姿勢をずっと保つことは難しいです。１つ指導するとすれば「ぐう」です。姿勢が崩れる子は，大抵机といすが離れています。体が机から離れすぎないように指導しましょう。

　45分すわって学習することは，高学年の子にとっても簡単ではありません。起立して音読する。自分の考えを（教室を歩いて）５人の友だちに伝えてくる等，活動のバリエーションを増やします。そして，タイミングよく姿勢のいい子をほめましょう。

2 「教科書やノートの配置」の指導のポイント

　右利きの子どもの場合，机の左に教科書，右にノート，体から離れた側に筆箱を置くことを指導します。

　何も指導しなくてもできる子もいますが，教科書の上にノートを置いてノートに書く子もいます。一度は，机の使い方を指導しておきます。

　また，カードなど，教科書やノート以外のものを使うときは，できるだけ机の上はすっきりとさせておくと活動がしやすくなります。

3 「音読の姿勢」の指導のポイント

　国語の時間，教科書を音読するときに机の上にぺったりと教科書を置いたままの子がいます。これでは，下を向いて教科書を読むことになります。1年生のうちに教科書を両手で持ち，姿勢よく音読する仕方を指導します。

起立したときの音読の姿勢も指導をします。起立したときに，両足に体重

が均等にかからない立ち方の子がいます。しっかりと両足を床につけて立つことを伝えましょう。「床からエネルギーをもらって声を出すんだよ」と言うと両足を床につけることを意識できるようになります。

　時には，教室の後ろなど立つ場所を変えて音読をすると，飽きずに音読の練習ができます。

　教科書の読んでいる個所を指でなぞりながら読む「なぞり読み」の場合等は机に置いて読むことも指導します。

4　「話の聞き方・質問のタイミング」の指導のポイント

　1年生は話したがりです。それも，人の話を聞くことをせずに自分が話したいことを話します。

　意見があるときは挙手をし，指名されてから発言することを伝えます。挙手するとき，「はい，はい，はい，はい」と何度も「はい」を繰り返す子がいます。挙手のときの「はい」は一度だけということも伝えておきましょう。

　また，教師が話をしていて疑問があっても質問は最後にさせます。話の途中で質問がきても受けつけません。「先生が，『質問はありませんか』と言っ

たら，質問がある人は手をあげてください」と言います。

　教師が話しているときは，教師の方を向く。友だちが発表しているときは，そちらを向く。そのとき，自分の話はしないことを指導します。

　「聞く」のは難しいです。時折「先生は，今，何と言いましたか」や「今，ひろしくんが言ったことと同じことが言えますか」等と問いかけ，子どもたちがきちんと聞いているかどうかを確認するようにします。

5　「ノートの使い方」の指導のポイント

　ノート指導でまず行うのは，「どこから書くか」を確認することです。国語と算数では，ノートの開き方が違います。ノートの1ページ目がどこなのか確認してから書かせます。何も指導しないと，1年生は教師が思ってもいないページから書き始めることがあります。

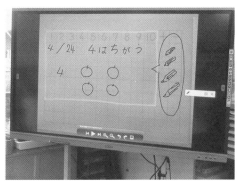
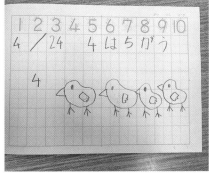

　なお，指導のときには小黒板か電子黒板に子どものノートを拡大したものを用意します。そして，「見て写せる」ようにしておきましょう。

　例えば右のノートの場合であれば，日付の「4」をノートに書かせた後，全員が1ページ目の左上に「4」と書いているかを確認しています。スモールステップでの指導がポイントです。

（黒川　孝明）

「教室環境」づくり

1　いつも「スッキリ黒板」で過ごす

　黒板は，集中して学習ができるようにスッキリさせることが大切です。保護者へのお手紙が貼ってあったり，学習とは関係ない書き込みがあったりするときは取り除いてあげましょう。

　また，黒板だけではなく，前方に棚などが置いてある場合は，カーテンなどで目隠しをして，視覚的に学習の妨げにならないように配慮します。

　教室の前方は，目立つ装飾は控えて，学習する内容に注目させるようにします。チョークは，色覚異常のある子に配慮して，赤色は使用せずに黄色や青色などでポイントを強調しましょう。

2　各所に目印をつける

　掃除や席替えなど机やいすを移動させても，目印があれば元の場所に机やいすを戻すことができます。新学期がスタートする前にマジックやテープなどを使って目印をつけておきます。

　普段から目印を意識させて，机を並べることで教室全体も整ってきます。机の横は，人が歩行しやすい間隔をあけて目印をつけます。また，けが防止のために机の横のフックに荷物をかけない，もしくはいくつかかける荷物を担任から指定してあげるとよいです。

3 整理整頓の仕方は視覚的に示す

　ごみ箱の場合は，燃やすごみ箱なのか燃やさないごみ箱なのか色でもハッキリわかるように示します。子どもたちが困らないように視覚的な配慮は必要です。もちろん，担任からも教室の使い方やものの置き場所など説明をしっかりと行います。

　その他，廊下の体操服や音楽バッグ，図工バッグをかけたり置いたりする場所やみんなが使ってよい教材や道具などの表示をします。

　「この場所は〇〇を置くところです」「〇〇の作品です」などのように視覚的に表示があることで，子どもたちと共通理解ができ安心して過ごせるようになります。

4 子どもの作品掲示には様々な配慮をする

　子どもの作品や成果物は，ファイルに入れて教室に掲示したり台紙に貼ってから飾ったりします。台紙がある場合は，画鋲で4つの角をとめて掲示します。

　ただし，台紙がない作品に関しては，以下の写真のようにクリップでとめて掲示します。子どもの作品には，画鋲で穴をあけない配慮が大切です。

　また，学校公開や保護者会などで保護者の目に触れるときには，必ずクラス全員分そろってあるのか確認します。

　名前や題名の誤字脱字も学年で点検し合って，一人ひとりの作品が最高の形で飾ることができるように準備しておきましょう。

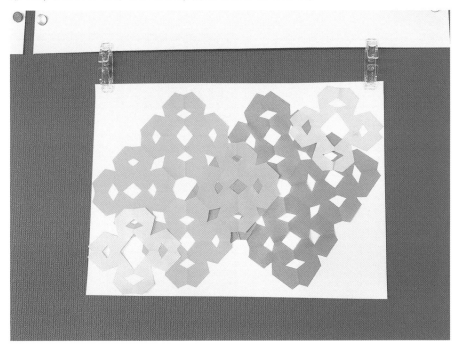

4月

「日直」のシステムづくり

1　自作の名札を活用する

　自作の名札をつくることで，日直としての自覚が芽生えます。

　まず，白い画用紙を用意して，名前ペンで大きく自分の名前を書かせます。名前のまわりには，自分の好きなキャラクターや食べ物，動物，乗り物など自由にイラストをかいて完成です。

　完成した名札の裏には磁石シールを貼っておき，そのまま黒板に貼りつけられるように工夫しておきます。

　子どもによっては，1つの作品として見る子もいます。日直のカードが変わるたびに，「○○さんの絵が上手」「私もこのキャラクター好き」とクラスで話題になります。

2 日直のための台本を用意する

　日直だからといって，だれでも自分からすらすら話ができるわけではありません。日直が話す台本をつくっておくと，だれでも気軽に自信をもって「朝の会」や「帰りの会」の司会進行ができます。

　作成した台本は，黒板の下に吊り下げて日直がその都度，手に取り読むようにしているクラスもあります。また，模造紙に大きく書いて教室の壁に掲示して，それを日直が読みながら会を進めるクラスもあります。クラスの全員に台本がどこにあるかわかるようにしておきます。

あさのかい

❶ あさのあいさつをします。おはようございます。

❷ けんこうチェックをします。

❸ にっちょくのスピーチです。

❹ せんせいからのおはなしです。

かえりのかい

❶ かえりのかいをはじめます。

❷ とうばんやかかりからのおしらせはありますか？

❸ せんせいからのおはなしです。

❹ さいごにさよならじゃんけんをします。

4月

「朝の会・帰りの会」のシステムづくり

1 「どっちでしょう？」クイズで始まる朝の会

　朝の会では，日直からのスピーチで「どっちでしょう？」クイズを行います。ホワイトボードに絵をかいて「食べた朝ごはんは，メロンパンとおにぎりのどっちでしょう？」とクイズを出します。お題は「朝ごはん」「好きなあそび」など指定すると意欲的に取り組めます。

　年間通して行うことで，「聞く・話す」のトレーニングにもなります。毎日，様々なクイズが出されるので，クラス全員が夢中になって参加します。日直は全員の前で発表するので，自然と人前で話すことに慣れます。

2 机の中を点検する

　毎日の帰りの会では，机の中の道具箱を机の上に出して下校するとよいです。特に1年生は，机の中に入れたお手紙やテストなどの紙類を入れたままにする傾向があります。毎日お道具箱を出すことで，保護者への大切なお手紙を忘れず持って帰ることができます。また，担任も一緒に点検できます。

　タブレット端末が導入されてからは，教科書やノートを持ち帰らない学校も多いかと思います。そうなると子どもは，ますます机の中を見ないで下校します。だからこそ毎日，整理整頓も兼ねて点検しましょう。

　宿題で必要な教科書やノートも声をかけて，忘れずに持ち帰るようにします。

「給食当番」 のシステムづくり

1　当番表の作成をする

　給食当番を4〜6人くらいの班にして，ローテーションでまわしていきます。1ご飯・パン　2野菜　3お魚・肉　4汁物　5デザートと配膳の順番で担当を割り振ります。

　給食当番表は，給食当番の白衣をしまうロッカーの扉に掲示しておくと確認しやすいです。

　当番の中でも，いつもデザートが出されるとは限りませんから，担当の配膳がない場合はスプーンやフォーク，箸などの他の配膳のお手伝いをします。

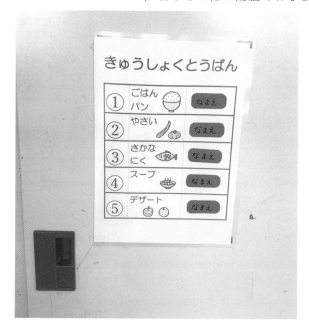

2　配膳・食器の置き方・盛りつけ方の確認をする

　特に１年生にとって，給食の時間は楽しみな反面，「どんな感じだろう」と緊張する子も多いです。実際に給食が始まる前の日までに配膳・食器の置き方・盛りつけ方の指導をしておきます。

　給食当番は実際に白衣を着てみます。配膳台も設定して，当番の立ち位置を確認します。その後，子どもたちが１人ずつ給食をもらうシミュレーションをやってみます。

　子どもは，指導をしなければ適切な食べ方がわかりません。箸の持ち方や食べる姿勢，食器の置き方，盛りつけ方など指導することも多々あります。しっかり身につけることで給食を美味しく楽しく食べることができます。

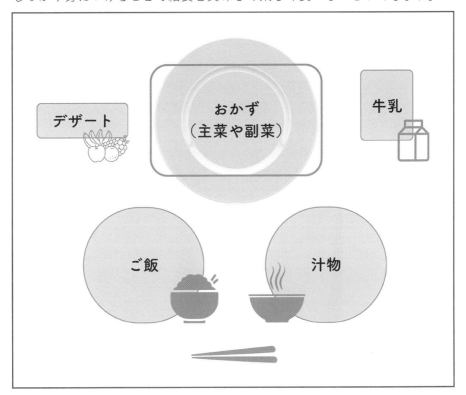

4
月

3　白衣の持ち帰りを促す

　金曜日は，白衣を持ち帰り洗濯をします。月曜に次の当番にバトンタッチをするので忘れないように持ち帰ります。担任からの呼びかけだけでは当番全員に届かないこともあります。

　そのため，給食ロッカー中に呼びかけポスターを貼っておくとよいです。聴覚だけではなく，視覚的にも促していくことで，白衣の持ち帰りを忘れないようになります。

　また，金曜日に気づいた人から当番に呼びかけるシステムを習慣づけておくと子どもたち同士で声をかけ合うようになるのでおすすめです。

4 おかわり券を発行する

　給食を楽しみにしている子は多いです。朝からメニュー表を見ては早く給食の時間にならないかと話し出すこともあります。その反面，好き嫌いや少食の子にとっては苦手意識があります。指導やルールを工夫してもっと楽しい給食の時間にしていきたいところです。

　今回は「おかわりけん」の発行についてです。この「おかわりけん」は学期ごとにクラス全員，１人１枚もらいます。この券を使用することで，「全部食べ終わらないとおかわりができない」「じゃんけんに勝たないとおかわりができない」のルールを飛び越え，おかわりができます。

　給食に苦手意識がある子やじゃんけんが弱い子なども自分の好きな食べ物が余っていれば，先におかわりできるプレミアム券に大喜びします。

「掃除当番」
のシステムづくり

1　掃除の仕方の説明をする

　掃除の仕方も各学校で統一されていたり，クラスごとに任されていたりと様々です。まずは，担任がお手本となりやってみせることもできます。すぐに全体を動かして掃除したい場合は，画像や黒板を使って掃除の仕方を説明してから行うとスムースです。

　手っ取り早く行いたいときは，机やいすを後ろに移動したら，全員雑巾で拭く掃除をします。担任がほうき担当で，以下の矢印のように左右に行ったり来たりします。担任に続いて子どもがぞろぞろと続いて雑巾がけをしていきます。

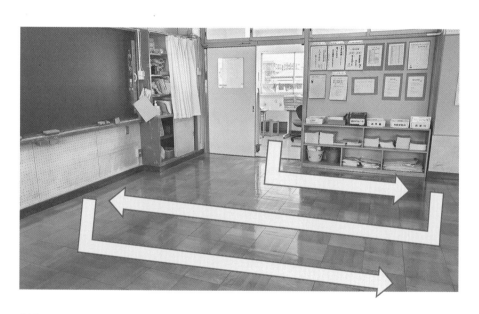

2 掃除の道具箱の整理整頓をする

　掃除の道具箱の中は，整理整頓されているとだれもが気持ちよく掃除できます。道具箱の扉に，整理された状態の写真を貼っておくと，掃除が終わった後も同じように収納できます。

　また，道具に番号のシールを貼り，同じ番号のフックにかけさせて整理整頓をさせる方法もあります（下画像）。道具箱の中は，掃除が終了すると整理整頓の当番や班長などがチェックするシステムにすると環境が持続します。

　ほうきの穂先が割れたり，ちりとりが曲がったりすると上手に掃除できない場合があります。掃除道具の点検も一緒に行うとよいです。

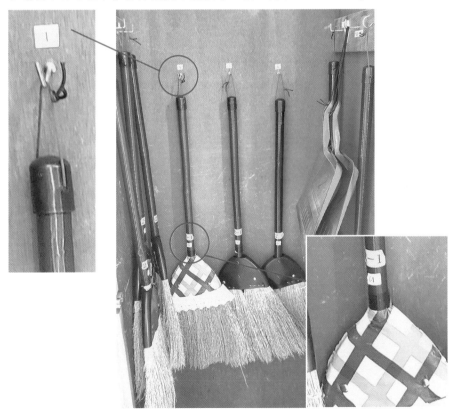

3 小ぼうきで細部の掃除をする

　小ぼうきを使用して細部まで掃除をすると，教室がよりきれいになります。何より，子ども自身がよりきれいになることを実感して，こだわって掃除をするようになります。

　特に，窓やドアのサッシの部分，テレビ，黒板のチョーク置き場やその下の床付近はごみが溜まりやすいのでおすすめです。

　小ぼうきは学校で何本か一括購入してもらうのがよいです。クラスで細部を掃除する「小ぼうき隊」を増やしていきましょう。

　子どもたちは，細部の汚れを自分で見つけてきれいにしていくことが楽しいようで集中して掃除をしてくれます。

4 メラミンスポンジで楽しく掃除する

　頑固な汚れは，雑巾では落ちません。ここは文明の利器，「メラミンスポンジ」を使用します。

　掃除は，やはり子ども自身がきれいになる実感を味わうことで楽しく活動できます。メラミンスポンジを使えば，給食台や廊下の壁面などの黒ずんだ汚れ，落書きで汚くなった机の上が，一気にピカピカになります。

　毎日の掃除で使用するというよりは，学期末などの大掃除で使うとよいです。子どもたちのテンションも高まります。

　スポンジを切って小分けして使用できるので，１人に１つ持って楽しみながら掃除に取り組めます。

「係活動」 のシステムづくり

1　係からのお知らせコーナーをつくる

　係活動は，クラスのみんなで協力して「もっとクラスをよくしたいな」「もっと楽しくしたいな」という子どもたちの思いで創意工夫できることが大切です。

　係からのお知らせやお願いなど，子どもたちが自由に連絡できるコーナーを設けます。教室の後ろの黒板などを利用して，どんな係があるのか，どんな活動があるのか見えるようにします。そうすることで子どもが主体的に活動できるようになります。

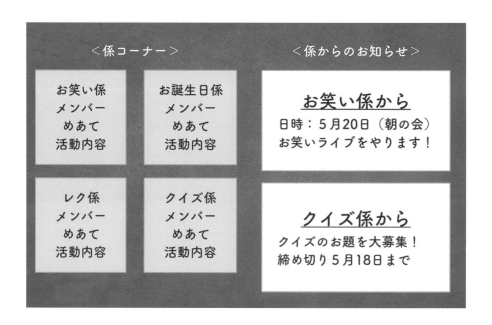

2　みんなが使用できる道具や教材コーナーを設置する

　道具や教材コーナーの設置をすることで，子どもが主体的にものをつくり，係活動が活発になります。どこに何があるのかネームシールをつけておきます。みんなが気持ちよく使えるように，使い終わったら元の場所に戻すことを徹底しておくとよいです。

　活動する中で，折り紙や画用紙などが足りなくなったり，道具が壊れたりしたら担任に報告させます。

　ハサミやホチキスなど子どもだけで扱うのが危険なものは，担任が手元に保管しておき必要なときに貸し出します。

　係活動だけではなく，普段の学習や休み時間にも使用していいことにしておくと子どもはもっと活動的になります。

3　定期的に活動する時間を設定する

　活動の計画，準備をしたら次は実行です。例えばお笑い係やクイズ係，ミュージック係など発表を主とした係があります。準備が整った係から朝の会や帰りの会などで発表する場合もあります。係のメンバーがお休みでそろわないこともあるので，タブレット端末に録画して電子黒板等につなぎ，みんなに見せる方法もあります。

　録画の発表のよいところは，発表する側も一緒に見て楽しめることです。また，録画したものを保護者会で使用することで保護者も我が子の成長する姿を見て楽しめますので一石二鳥です。

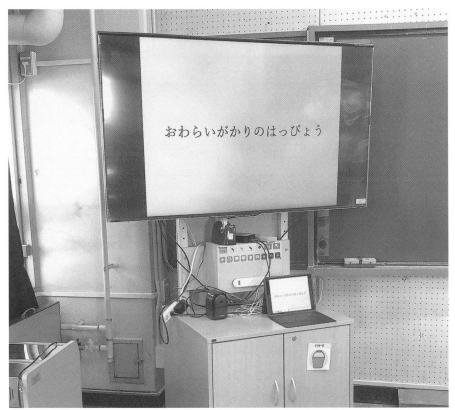

4 振り返りカードを活用する

係活動は，やりっぱなしだとステップアップできません。自分たちの活動を振り返り，話し合うことで実りのある係活動になります。友だちや担任の先生からよいところやがんばったところなどをほめてもらうことで，次の活動への意欲につながります。

また，うまくいかなかったところは，アドバイスをもらったり，改善したりしながら，再度チャレンジできます。

（佐々木陽子）

アイスブレイク，仲間づくりの学級あそび

楽しみながら自己紹介をしよう！

自己紹介じゃんけん列車

 時間　**3分**　 準備物　●じゃんけん列車の音源
●スピーカー

 ねらい

　じゃんけん列車の中に自己紹介を織り交ぜてあそぶことを通して，お互いの理解を深める。

1. ルールを理解する

これから「自己紹介じゃんけん列車」をします。このあそびのねらいは「あそびながらお互いを知ること」です。普通の「じゃんけん列車」のように音楽に合わせ，歌の「じゃんけんぽん」のタイミングでじゃんけんをします。負けた人は勝った人の後につきます。

今回はそれに加え，じゃんけんの前に簡単な自己紹介を入れます。例えば，好きな食べ物などのテーマです。例えば，「鈴木です。好きな食べ物はカレーです」「佐藤です。好きな食べ物はパイナップルです」のような感じです。そういったやりとりをした後にじゃんけんをしていきます。何か質問はありますか？

2. みんなで「自己紹介じゃんけん列車」に取り組む

そろそろ始めます。準備はいいですか？　それでは音楽を流します。

おもしろそうだな。

 こんにちは，ハンバーグが好きな○○です。

 △△です。私もハンバーグが好きです。
特にチーズ入りハンバーグが好きです。
じゃんけん，ぽん！

うまくいくコツ
簡単なテーマから始めるとよい。

3.活動のまとめをする

 先頭の人だけ立ったままで，それ以外の人はその場にすわってください。先頭の人たちを紹介していきます。まずは□□さん。

 運よくじゃんけんに勝った□□です。焼肉が好きです。

4月

＼ ポイント ／

先頭だけでなく，列になっているすべての人が自己紹介できるとよいです。あまり列が長くなりすぎるとお互いの声が聞こえにくいので，列が4人か8人で終了にします。

みんなで動きをそろえられるかな？

言うこと一緒

⏰ **時間** 3分　　📓 **準備物** なし

ねらい

言葉と動きが異なるあそびに友だちと楽しく取り組むことを通して，クラスの一体感を高める。

1. ルールを理解する

ルールを説明します。先生が「言うこと一緒，やること一緒，前」と言います。みんなは「前」と言いながら，前にジャンプします。「前」の他に「後」「右」「左」があります。質問はありますか？

ジャンプはどのくらい跳びますか？

まわりの人とぶつからないくらいにしてください。

2. 言うこと一緒に取り組む

ではやってみましょう。はじめはゆっくりやるので慣れるようにしてくださいね。それでは始めます。言うこと一緒，やること一緒，右。

うまくいくコツ
全員がついてこれるようにゆっくり行う。

右！

 簡単だね！

3. ルールを変えて取り組む

 では，ここからが本番です。少しルールを変えます。「言うこと一緒，やること反対」「言うこと反対，やること一緒」「言うこと反対，やること反対」もあります。よく聞いて，素早く動いてください。それでは，「言うこと一緒，やること反対，右」。

 あー，間違えてしまった。ちょっと混乱するな。

でも，いろいろな動きができておもしろいね。

言うこと一緒，やること反対，右。

右！

```
＼ ポイント ／
```
子どもの状況に応じて，指示の言葉や話すスピードを変えることで楽しさが増します。

2人で協力して鬼ごっこを楽しもう！

手つなぎ鬼

 時間　**5分**　 準備物　●短いひも

ねらい

仲間と協力しながら鬼ごっこに取り組むことを通して，友だち同士で協働する楽しさを感じることができるようにする。

1.ルールを理解する

今から，「手つなぎ鬼」をします。鬼も逃げる人も2人組になります。2人の間をひもでつなぎます。タッチされたら鬼を交代します。逃げているときにひもが離れてしまったときも，逃げている人はタッチされたこととして鬼を交代します。鬼の人は帽子を赤にしてください。逃げる人は帽子を白にします。範囲は体育館全体です。2人で協力しながら取り組んでください。しっかりとお互いに思いを伝えていくことが大切です。何か質問はありますか？

2.ペアを決める

では，実際にやってみましょう。まず，2人組をつくります。2人組ができた人はその場にすわってください。

がんばろうね。

3. 手つなぎ鬼に取り組む

 では，実際に手つなぎ鬼に取り組みます。はじめに鬼をやりたい人はいますか？

 はーい！

 それでは，鬼はAさんたち，Bさんたち，Cさんたちにお願いします。鬼は3組です。鬼も逃げる人たちもがんばってください。よーい，スタート！

 わーっ，思っていたより難しい！

あ…途中でひもが離れてしまった。

\ ポイント /

　直接手をつなぐのではなく，ひもやゼッケンなどの道具を使うことで，直接手をつなぐよりも動きが複雑になります。

簡単なゲームで仲よくなろう！

フラフープ送り

 時間 5分　　 **準備物** ●フラフープ

 ねらい

　仲間と一緒にフラフープを移動させる活動を通して，仲間との一体感を高める。

1.ルールを理解する

> 今から，「フラフープ送り」をします。3チームに分かれて，円になります。最初の人がフラフープに手を通した後，全員隣の人と手をつなぎます。今フラフープを持っている人をスタート地点として，フラフープを全員分くぐらせて1周させます。そのとき，手は離さずに上手にフラフープを送っていくようにしてください。

2.練習を行う

> では，実際にやってみましょう。少し練習の時間を取ります。どんな感じになるかやってみましょう。

> 結構，大変だなあ。

> 私は体がかたいから難しいかも…。

うまくいくコツ
フラフープは大きめの方がスムーズに取り組める。

3. フラフープ送りに取り組む

それでは，ここからが本番です。3チームで競争をしたいと思います。フラフープが1周したチームはその場ですわってください。よーい，スタート！

焦らず，慎重にやろう！

4. 活動の振り返りをする

実際にやってみてどうでしたか？

結構焦ったけど，おもしろかったよ！

＼ プラスα ／

円でのやり方を紹介しましたが，列でも大丈夫です。人数が少ない場合は2周するなどのやり方にするとちょうどよいです。チームの人数が異なる場合は，1周プラス1人まで，などとして調整します。

隣の人とつながろう！
キャッチ

🕐 **時間** 3分 📝 **準備物** なし

ねらい

みんながつながった状態で行うあそびを通して，楽しみながらクラスの一体感を高める。

1.ルールを理解する

 今から，「キャッチ」をします。みんなで円形になります。左手で小さな穴をつくり，右手は人差し指だけ伸ばします。そして，右手の人差し指を右側にいる人の左手の穴の中に入れます。その時点では捕まえずに指が抜けるくらいの感じにしてください。先生が「キャ，キャ，キャ，キャ…」の後に「キャッチ！」と言ったら，左手は隣の人の指を捕まえてください。右手は隣の人に捕まらないように指を抜くようにしてください。

2.キャッチに取り組む

 それでは，実際にやってみましょう。準備をしてください。キャ，キャ，キャ，キャ…キャッチ！

 右手も左手も上手にできた！

捕まえることはできたけど，自分も捕まってしまった…。

3. テンポの速い活動に取り組む

 では，ここから，だんだんテンポを速くしていくのでがんばりましょう。始めます。キャ，キャ，キャ，キャ…キャベツ！

 あ，キャベツだ！　間違えた。

 気をつけてよく聞いてくださいね。キャ，キャ，キャ，キャ…キャッチ！

 結構間違えちゃった。でもおもしろかった！

> **うまくいくコツ**
> 時折「キャベツ」「キャンプ」などの他の言葉を入れると盛り上がる。

4月

キャ，キャ，キャ，キャ…

＼ ポイント ／

夢中になりすぎると指を強くつかみすぎてしまい危険ですので，注意しましょう。

アイスブレイク，仲間づくりの学級あそび

助けたり，助けられたりを楽しもう！

バナナ鬼

🕐 時間	5分	✏️ 準備物	なし

ね ら い

　仲間と一緒にバナナ鬼に取り組むことを通して，楽しみながら体をリフレッシュさせる。

1.ルールを理解する

今から，「バナナ鬼」をします。バナナ鬼は氷鬼の仲間です。鬼にタッチされた人は，動くことができなくなります。ただ，氷鬼のように氷になるのではなく，バナナになって動けなくなります。鬼にタッチされたら両手をあげます。そして，バナナのように少しだけ体を曲げた状態で「助けて」とバナナっぽい雰囲気で言ってください。鬼に捕まっていない人はバナナになっている人を助けてあげてください。そのときにはバナナの皮をむくことで復活となります。上にある手を皮をむくように広げてください。その時には効果音も一緒に言ってください。バナナの皮をむくときの効果音はどんな感じにしましょうか？

「めりっ，めりっ」はどうですか？

それでは，バナナの皮をむく音は「めりっ，めりっ」です。

2. バナナ鬼に取り組む

 では，ここからバナナ鬼に取り組みます。鬼は３人です。鬼は帽子を赤にしてください。みんな，それでは，よーい，スタート！

 全員捕まえて，バナナ畑にしてしまおう。

 しっかりと逃げよう。

> **うまくいくコツ**
> バナナの形やむく仕草を全員で確認するとスムーズに取り組める。

3. 振り返りをする

 たくさんの人を助けることができたなあ。

 バナナの皮をむく音がおもしろかったね。

（鈴木　邦明）

＼ ポイント ／

　バナナ鬼は氷鬼の一種です。捕まった人は手をあげ，体を少し曲げてバナナのようになる姿がかわいらしいです。タッチで助けるときに効果音を入れるとさらに盛り上がります。

5月の
学級経営の
ポイント

1 4月の最初に戻ったつもりで 丁寧に確認する

4月の1か月をかけて，子どもに朝と帰りの支度の仕方，トイレや流しの使い方，給食や掃除の仕方などの一つひとつを丁寧に指導してきたことと思います。それらが少しずつ身についてきたかな…という時期に，ゴールデンウィークに入ります。

「ゴールデンウィークで，それまで教えてきたことがリセットされてしまう」という声を聞くことがあります。私も1年生を担任していて，「ゴールデンウィークの前よりも動きがよくないな」と感じることは確かにありました。しかし，完全にリセットされているわけではありません。4月に学んだことは，子どもの中にしっかりと残っています。

ゴールデンウィーク明けに動きがよくないからといって，「前はできていたよ！」「もう忘れちゃったの！？」と場を冷やす言葉を言うのではなく，「うんうん，お休みが続いたからそうだよね。わかるよ」と教師がどっしりと受け止め，もう一度4月の最初に戻ったつもりで，一つひとつのやり方を丁寧に子どもと確認していきましょう。

2 遠足や運動会に向けて 見通しをもって取り組む

5月は，1年生を迎える会や全校遠足，運動会など，春の学校行事が数多く行われます。

1年生にとっては，すべてがはじめての体験となります。わくわくした気持ちでいっぱいの子もいれば，「どんなことをするんだろう…」と不安を感じている子もいるでしょう。

そこで，例えば「1年生を迎える会」ならば，昨年の写真や映像を見せて，イメージをもたせます。そして，「全校のみんなが，1年生の入学をお祝いしてくれる会なんだよ。みんなはそのお礼に歌を歌って，『お祝いしてくれてありがとう』と伝えようね」と，会のねらいと実際に何をするのか説明します。

このようにすることで，不安を感じていた子も見通しをもてるので，落ち着いて練習や本番に臨むことができるでしょう。

1年生なりに簡単でもよいので目標を書かせ，終わったら振り返りをするのもよいですね。この時期でも十分可能な取組だと思います。1年生だからといってなんとなく学校行事をこなすのではなく，見通しと目標をもって取り組むことで，より成長につながります。

3 心と体をリフレッシュし
夏休みまでの見通しを立てる

　自転車に乗る際，漕ぎ出しが一番力を使うのと同じように，学級経営も始まりの4月が一番力を使います。入学式からここまで全力疾走で学級づくりを進めてきたことでしょう。まずは，ゴールデンウィークにゆっくり休んで，心身ともにリフレッシュしてください。

　そのうえで，これまでのことを「よかった点」「反省点（そして改善策）」に分けて振り返り，夏休みまでの学習予定や学校行事などの見通しを立てる時間を取りましょう。

　そうすることで，ゴールデンウィーク明けに落ち着いてリスタートを切ることができます。

4 行動のよさや価値を丁寧に伝えて
「土づくり」を続ける

　4月と同じく，5月はまだまだ「土づくり」の時期です。養分をたっぷりと含んだ豊かな土にするために，土を耕し，雑草を抜き，肥料をやり，水やりをするといった手入れを続けていきます。　4月との違いは，子どもがだんだんと学校生活に慣れ，個性が発揮されるので，より丁寧な対応が必要になるところです。「丁寧」というのは，叱り言葉で強制的に全体を動かすのではなく，そうすることのよさ・価値を伝えながら，子どもをほめて全体を高めていくということです。発芽に向けて，丁寧に土づくりを続けていきましょう。

（浅野　英樹）

5月

いちねんせいを
むかえるかい
にゅうがくをおいわいしてくれる
おかえしのだしものをする

GW 明けの
チェックポイント

生活面	□朝の支度の仕方を忘れている □机，ロッカー等の道具のしまい方を忘れている □授業と休み時間の区別がつかない □どこに並ぶか，整列の仕方がわからない □自分の出席番号を忘れている □給食の約束を忘れている □掃除の仕方を忘れている
学習面	□必要なものがそろっていない □45分間集中できない □姿勢よくすわれない □指示を聞いていない □鉛筆を持つのが億劫になっている □作業が雑になっている □「やりたくない」と言う
対人面	□友だちと話さない □あいさつができない □聞かれたことに答えない □困っているときに，困ったと言えない □話すときに目が合わない □休み時間に先生にばかり寄ってくる □休み時間にずっと１人で遊んでいる

1　生活面

入学して緊張の１か月を過ごし，やっとくつろげるゴールデンウィーク。ここで今までの緊張が一気に解け，時間やルールにとらわれない１週間を過ごしてしまうと，再び始まる学校が億劫になっている子が多数います。

ゴールデンウィーク明けは，焦らず，少しずつ学校モードに戻していくようにします。１か月間で身につけた手順ややり方を忘れている子もいるので，もう一度，確認しながら生活をします。「せっかく１か月かけて指導したのに…」と思わず，これが１年生の実態なのです。

2　学習面

自由な時間を過ごしてきた子どもにとって，45分の授業は長く感じられ，集中がもたない子が多数います。それが１日に５時間もあるのですから，まだ学校に入って１か月の１年生には，相当な試練となります。やる気をもって入学してきた子が，この時期に学習嫌いになってしまうこともあります。

学習が嫌いにならないように，楽しい活動を入れながら，あそびの延長であるかのように授業を組み込みましょう。45分間すわりっぱなしにならないように，身体を動かす活動を挟み，時間に余裕をもたせることが大事です。

3　対人面

新たな人間関係の中で１か月過ごしてきた１年生。仲のよい友だちも少しずつできてきたところでのゴールデンウィーク。もしかすると，せっかく仲よくなった友だちの名前さえも忘れてしまうということもあります。

学級レクやクラスあそびなどを行い，みんなで遊ぶ場をつくったり，グループで活動する場をつくったりして，人間関係を取り戻しましょう。

（藤木美智代）

春の運動会
指導ポイント＆
活動アイデア

1 指導ポイント

☑ **決められた順番で整列できるようにする**

学校の実態，人数によって１列か２列，よく使う並び方が素早くできるようにしておく。

☑ **みんなで動くときのルールを守れるようにする**

時間を守ること，お話のときはしっかり目と耳と心で聞くことなど，体育の時間のみならず日常より意識して指導する。

☑ **仲間のがんばりを精一杯応援できるようにする**

はじめての運動会，気持ちも高揚しがち。観覧の態度や気持ちのよい応援の方法など，事前に指導しておく。

☑ **自分の目標を立てることができるようにする**

まだひらがなを習っている最中の１年生。「○○をがんばる！」などの簡単な目標を立てることで，運動会への意欲を高めていく。

☑ **元気いっぱいに演技，競技ができるようにする**

入学したての１年生，保護者の方々に，子どもたちが楽しく元気に学校生活を送れていることが伝わる内容にする。

2 活動アイデア

①決められた並びで整列ができるようにする

　１年生にとって，順番通りに真っすぐ並ぶことも簡単なことではありません。この春の運動会の機会を活用して，並び方の練習をしていきましょう。１列で並ぶのか２列で並ぶのか，人数や場面によって違いもあるでしょうが，まずは各校で，一番頻度の高い並び方をマスターさせていきます。

　以下の手順で指導を進めてみましょう。

　①自分の前後の人，２列なら横の人を覚える（２列なら手をつながせる）

　②「前へならえ」をして前の人との距離がわかる

　③「目で前へならえ」で手をあげずに並ぶことができる

　④発展「小さく前へならえ」で半分の距離で並ぶことができる

　ここで基本の並び方を身につけておくと，体育授業のみならず，教室移動や遠足など，この先１年間，様々な場面で役に立つ力となります。

　「前へーー」は予令といい，次の動作の準備をするための声かけです。「ならえ！」は本令といいます。動きをぴしっとそろえるためには，予令で伸ばすことで準備の間をつくり，本令でしっかり声を出すことがポイントです。

②おうちの人を巻き込む

　はじめての運動会。子どもも保護者も不安でいっぱいです。学校側から，丁寧に予定や取組を発信して，保護者の方も巻き込んでいくことで，不安を解消していきましょう。

　特に配慮の必要な子ども，運動が苦手な子どもなど，個別に対応が必要な子どもに関しては，支援担当や養護教諭などとも連携を取り，見通しをもって進めていけるようにします。やるべき内容や練習スケジュールなどを学年通信などで発信して，見通しをもってもらうことも，安心感へとつながります。

　学校での限られた練習時間では，十分にダンスなどをマスターできない子どももいます。動画配信や振り付け表などを活用して，おうちでも一緒に練習してもらえるように協力をお願いするのも「巻き込む」ための手立てです。

　また，運動会当日，保護者の方は多くの子どもたちの中から，我が子を探すのにたいへん苦労します。子どもたちの出番（プログラム，団体演技の場所，走順・コースなど）をお知らせしておくと，保護者の方に喜んでいただけることでしょう。

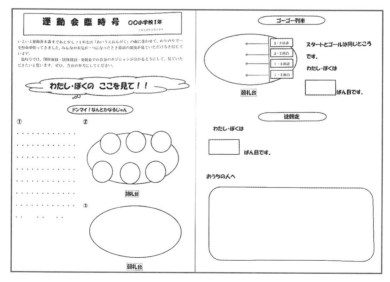

③1年生らしい演技構成，種目を選択する

　まだ入学して数か月しか過ごしていない1年生です。難しいものではなく，まずは全力で楽しく取り組めることを第一に考え，演技，競技を選択していきましょう。この段階では，だれかと力を合わせないとうまくいかないものよりも，個で行う演技や競技を選択していくことをおすすめします。

　団体演技では，1年生らしく元気さをアピールできる演技を構成します。隊形移動も無理して取り入れず，向きを変える，横移動するぐらいにとどめておきましょう。小道具を使うのであれば，ポンポンや手首にとめる鈴など着脱が簡単なものがいいですね。

　団体競技では，定番の玉入れにひと工夫加えてより盛り上がる競技にしてみましょう。例えば，次のようなものです。

・かごを先生や高学年が担ぎ，逃げまわる。そのかごを追いかけて入れる。
・あらかじめ決められた数に近い方の勝ち。
・ゲームとゲームの合間にダンスをいれる。

　小学校生活がスタートしたばかりの子どもたちの様子を気にしている保護者の方も多いでしょう。元気な姿を見せ，安心してもらうチャンスです！

（垣内　幸太）

遠足
指導のポイント

1　子どもたちに遠足のイメージをもたせる

　１年生の子どもたちの中には，行ったことのない場所へ行くことに不安や戸惑いをもつ子がいます。どの子も安心して遠足に行くことができるようにしてあげたいものです。そのために，教員の下見のときに様々な場所や場面の写真を撮ります。

・楽しそうな遊び場（「ここで写真を撮ったらおもしろそう！」という場所）
・遠足と同じ活動をしている場面
・危険な場所（細い道，車通りの多い道，暗い場所など）

　子どもたちには，遠足のスケジュール順に写真を見せながら説明をしていきます。言葉だけでなく，写真つきで説明をすることで，子どもたちは話をさらにじっくり聴いてくれます。写真から楽しさや危険な場所も感じることができ，不安な思いをもってる子たちを，少しでも「楽しみかも！」と前向きな気持ちに導いてあげることができます。

2　全体写真を撮る練習をする

　全体写真を撮る場所は事前の下見で決めておきます（雨の場合も想定して

おく）。また遠足の場所によっては，撮影場所が他校と重なってしまうことがあり，他校を待たせてしまったり，他校が撮影しているのを待ったりする場合もあります。少しでもスムーズに撮影ができるように，素早く写真撮影順に並ばせることが重要です。パ

ッと「全体写真並び！」と言ったら並べるように，体育の授業や日頃から全体整列の並びを決めておくとスムーズに並ぶことができます。

3 あいさつ・思いやりの行動を促す

　遠足で公園に行ったとします。公園に約100人の団体が一斉に遊び始めます。しかし，公園には一般の方たちもいます。「静かに座っていたいなあ」「親子でゆっくりしたいのになあ」と思っている方もいます。そんなときでも，子どもから自ら進んで「おはようございます」「こんにちは」と元気にあいさつをされるとだれでもほっこりした気持ちになり，お互いが気持ちよく過ごすことができると思います。

　また，「いつも遊んでいる公園なのに，今日は小学生の子たちがいっぱいいるなあ。帰ろう」と思われないように，公共の遊具を使うときには，譲り合うこと，困っていたら助けてあげることなどを事前に伝えておくことで，お互いが楽しくのびのびと遊ぶことができます。

　公共の場でのマナーは，丁寧に細かくロールプレイをしながら教えていくのがポイントです。日頃からの登下校でもあいさつをすることの大切さを伝えておきます。

（堀内　成美）

国語

「ひらがな３文字」の
ことばづくりをしよう！

1　授業の課題

> ○の中のひらがなを考えて，言葉を完成させましょう。

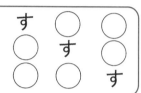

2　授業のねらい

○に入る言葉をみんなで考えながら，語彙力を高める。

3　授業展開

①２文字の丸の中の言葉を考える

黒板に，かいとうＸの似顔絵と，①の問題だけ書いて，みんなで考えていきます。①はすぐに答えを言って，②でたくさんの言葉を発表させます。

T　かいとうＸから挑戦状がきました。
　　なんという言葉でしょう。
C　「いす」です！
C　「なす」です！
T　正解は「いす」です。②はなんだと思

いますか？
C　（回答例）「すし・すな・すみ・すず」です！

②3文字の言葉を考える

　次は，一気に課題の3つの言葉を見せます。友だちと話す時間を与えながら考えさせると，盛り上がります。発表のときは，すべての考えを称賛しながら聞いていきます。

T　また，かいとうXから挑戦状がきました。今度はとても難しいですが，できますか？　隣の人と協力して考えてみましょう。
C　一番左は「すずめ」です！
C　真ん中は「なすび」です！
C　一番右は「あいす」です！

③3つの言葉をジャンルで考えさせる

　たくさん言葉が出てきたら，「食べ物」「生き物」などで，整理させてもおもしろいです。

T　みんなたくさん言葉を考えついてすごいですね。でも，「なすび」と「あいす」は食べ物なので，一番左も「食べ物」にできませんか？
C　「すいか」があります！
C　「するめ」もあります！

④他の言葉に挑戦させる

T　次は，自分で問題を考えてみましょう。「す」以外の何がいいですか？
C　「か」で考えてみます！

（比江嶋　哲）

算数

先生の持っているカードを当てよう！

1　授業の課題

> 1 ～ 9 の9枚のカードがあります。
> A先生，B先生，C先生がそれぞれ2枚ずつカードを選びました。
> 3人の先生が何のカードを持っているかをあてましょう。

2　授業のねらい

　「いくつといくつ」の学習を活用し，それぞれの先生が持っているカードを論理的に推測することができるようになる。

3　授業展開

① A先生について考える

　1年生の5月なので，問題条件を理解しているかどうかには大きな差があるので，一つひとつ丁寧に確認しながら進めることが必要です。

T　さあ，3人の先生のカードがわかりますか？
C　わかるわけがない。ヒントを教えて。
T　そうだよね。ヒントは，A先生の2枚のカードは合わせると4です。
C　じゃあ，わかった。　　　　　　　　C　え，なんで？　わかんないよ。

T　A先生の2枚は何かな？

　　（①2と2　②1と3　③3と1が発表される）

T　ほら，3種類あるし，ヒントからはわからないってことだよね。

C　いや，わかる！　①はありえないよ。だって，2は1枚しかないもん。

C　しかも，②と③は1と3のカードってことだから，どちらも同じだよ。

T　すごい！　A先生のカードは1と3だと推理できたんだね。

② B先生について考える

T　B先生のカードは，あわせると11です。

　　（④6と5，⑤7と4，⑥8と3，⑦9と2，⑧5と6が発表される）

C　④と⑧はさっきも言ったけど，5と6を持っているという意味で同じ。

C　⑥もありえないよ。

T　なんで？　同じカードではないよね。

C　だって，3はA先生が持っているから，3をB先生が持っているはずはないから。

T　なるほど，じゃあ④か⑤か⑦なんだね。

③ C先生について考え，B先生に戻って再考する

T　C先生のカードは，あわせると8です。

　　（⑨5と3，⑩6と2，⑪4と4，⑫7と1が発表される）

C　⑪は同じカード2枚だから駄目。⑨と⑫もA先生が1と3を持っているから駄目。だから⑩6と2に決まるね。

C　ということは，B先生の④と⑦がありえなくなるね。だって，C先生が6と2持ってるもん。ということはC先生は，⑤7と4と決まる！

T　本当に合っているかな？　A先生から順にカードをオープンしていきましょう。お見事，推理成功です！　拍手！

（前田　健太）

生活

お気に入りの場所を発表しよう！

1　授業の課題

学校探検で見つけたお気に入りの場所について発表し，おうちの人に
クイズを出そう。

2　授業のねらい

学校の施設や教室等の場所や役割，そこにどんな人がいるのかを知り，安
心して，自信をもって学校生活を送ることができるようになる。

3　授業展開

①グループで発表内容とクイズを確認する

参観授業の当日までに，グループで「お気に入りの場所」と「お気に入り
の理由」を考えておきます。また，お気に入りの場所に関するクイズも考え
ておきます。

T　グループで選んだお気に入りの場所と，どうしてその場所を選んだのか
　　を確かめましょう。クイズや発表の役割も確かめておきましょう。

C　ぼくと○○さんがお気に入りの場所と理由を言うんだね。

C　クイズは□□さんが言って，当てるのは△△さんだね。

②お気に入りの場所をグループで発表する

　八つ切りの画用紙に，お気に入りの場所に関する絵をかかせ，発表の際に持たせるようにします。当日までに何度も練習をしておくとよいでしょう（問題と答えは付箋や画用紙で隠しておく）。

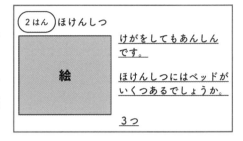

T　皆さんが選んだお気に入りの場所について紹介してください。
C　私たちは保健室がお気に入りの場所です。
C　どうしてかというと，けがをしたときでも保健室に行けば安心だからです。
C　ここでおうちの人にクイズです。保健室にはいくつベッドがあるでしょうか（おうちの人に答えてもらう）。
　　※担任が保護者へ発表をうながす

③お気に入りの場所を発表してみた感想を発表する

　「グループ活動をしてみて」「学校探検をしてみて」「クイズを出してみて」などの視点を基に感想を発表するようにします。

T　お気に入りの場所を発表してみてどうだったかな。
C　みんなの前で発表するとき，とても緊張した。
C　クイズをつくるときが楽しかった。
C　けがをしたときは保健室に行こうと思った。

（田中翔一郎）

体育館でどんなことができるかな？

1 授業の課題

> それぞれの場所で
> どんなことができる
> でしょう。

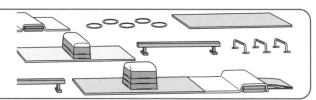

2 授業のねらい

　自分で活動したい場所を選び，その場でどんなことができるか考えながら活動することができる。

3 授業展開

①場の準備をする

　ターザンロープや跳び箱，トランポリン（もしくはロイター板），エバーマットなどを使ってアスレチックのような場をつくっていきます。班ごとに役割分担し，何度か練習しておくことでスムーズに準備ができるでしょう。

T　今から場所の準備をします。班ごとに準備する場所が決まっていましたね。焦らなくていいので，丁寧に準備しましょう。
C　はーい！

②テーマの確認をする

　それぞれの場所でどんなことができるか考えながら活動することを伝えます。すべての場で活動する必要はなく，自分でやりたい場を選ぶということが大切です。おうちの方も参加可ということも伝えるとよいでしょう。

T　テーマの確認をしましょう。さん，はい！
C　どんなことができるかな！
T　それぞれの場所でどんなことができるかな？
　　安全に気をつけて活動しましょう。
C　はーい！
T　おうちの方にも参加してもらおうね！
C　やったー！

③それぞれの場で活動に取り組む

　教師は子どもの動きを価値づけたり，できる子にはコツを聞いたり，停滞している子には声をかけたりするなど，子どもたちの活動を見取り，個に応じた対応をします。

T　おおーっ，すごいね！　その動きははじめて見たよ。
C　えー，すごい！　ぼくもやってみよう！
T　それってどうやったらできるの？
C　両足で踏み切るんじゃなくて，片足で踏み切ればいいんだよ！
T　なるほどー！　片足で踏み切ればいいんだね！
T　○○さんはどうしたの？
C　これができなくって…。
T　そうなんだ。できる子にコツを聞いてみようか？
C　うん！

（田村　直）

6月の
学級経営の
ポイント

1 「荒れが目立つ」理由を考え 丁寧な対応を心がける

　「6月は荒れが目立つ時期」と言われます。その理由としては，

・梅雨に入ってじめじめとした天気が続き，外で遊べず，ストレスがたまること。

・スタートから2か月が経ち，慣れや気の緩みが生じ，トラブルが起きやすくなること。

・6月は目標となる学校行事がないこと。

などがあげられます。まずは，「6月は荒れが目立つ時期である」ということを，教師自身が理解し，想定しておくことが大切です。

　6月の荒れの原因は，実は教師自身にもあります。例えば，これまで一つひとつのことを丁寧に伝えていたのに，だんだん説明が雑になってきてはいないでしょうか。また，これまでほめ言葉や認め言葉を多く使っていたのに，だんだんと叱り言葉や冷やし言葉が多くなってきてはいないでしょうか。荒れを防ぎ，よりクラス全体を成長させていくために，これまで以上に丁寧な対応を心がけ，ほめ言葉や認め言葉を多く用い，教師自身もあいさつや笑顔，時間を守ることなどにおいて，率先垂範を続けていきましょう。

2 楽しいイベントを 計画する

　6月は荒れが目立つと言われる理由の1つとして，「目標となる学校行事がないこと」をあげました。しかし，だからあきらめるのではなく，発想を転換し，ないならば楽しいイベントをクラスで計画すればよいのです。

　この時期の1年生におすすめのイベントは，「得意なこと・好きなこと発表会」です。その名の通り，子ども一人ひとりに自分の得意なことや好きなことを発表してもらいます。

　例えばサッカーが得意ならばリフティングをしてもらう，ピアノが得意ならば弾いてもらう，鉄道が好きならば鉄道情報を伝えてもらう…など，なんでもかまいません。

　私は，8人ずつ4日間に分けて，6月に毎週実施しました。また，事前に保護者に会の趣旨と日程を伝え，発表に必要な持ち物などの準備をしてもらいました。

　このイベントは，子ども一人ひとりの個性やよさを知ることができるので，おすすめです。6月の荒れを防ぐためにも，このような子どもが楽しく参加できるイベントを計画してみてはいかがでしょうか。

3 雨の日の過ごし方は 子どもとともに考える

梅雨に入ると，雨の日が増え，休み時間に教室で過ごすことが多くなります。落ち着いて過ごせる子もいれば，外に出られないからと教室や廊下を走りまわってしまう子もいるでしょう。転んだりぶつかったりしてけがをしてしまったら大変です。そうしたけがを未然に防ぐために，クラス全体で雨の日の過ごし方について考えましょう。「雨の日の休み時間はどういうふうに過ごせばいいかな？」と問いかけ，出た意見を画用紙などにまとめ，雨の日はみんなで確認するとよいですね。

雨の日が増える6月。クラス全員が安全に過ごせる環境を維持していきましょう。

4 子どもたちの成長を見守り プラスの言葉をかける

この時期になると，これまでの土づくりの成果があらわれてきます。

クラスのルールや1日の流れが子どもに浸透してきて，教師が1から10まで言わなくても，子どもが自分でできることが増えてきていることを実感するでしょう。

このように，6月は芽が出始める時期です。ただ，出たばかりの芽はまだ弱々しいので，温かく見守りながら包み込んでいくことが必要です。「すごいね」「さすが」「うれしいな」「ありがとう」などのプラスの言葉をかけ，適切なフォローとサポートを続けていきましょう。

（浅野　英樹）

6月

とくいなこと
すきなこと　はっぴょうかい

「魔の6月」の
チェックポイント

生活面	□笑顔が見られない □声が小さく，元気がない □具合が悪いことを言えない □食べるのに時間がかかり，残すことが多い □やる気がなくなり，行動が遅い □言われないと動かない □教室の床でゴロゴロしている
学習面	□45分間集中できない □学習用具が用意できない □ノートを書くのが億劫そう □やるべきことが時間内にできない □切り替えが素早くできない □授業中ぼーっとしている □席を離れ，立ち歩く
対人面	□けんかやトラブルが目立つ □友だちの言いつけや悪口が多い □手や足が出る □いたずらやいじわるな行動が目立つ □大声を出したり，泣いたりする □ルールを守って遊べない □1人でぽつんとしている

1 生活面

　からっと晴れた日がないと，気持ちも沈みがちで，テンションが下がります。蒸し暑さから体調を崩したり，熱中症になったりする子も出てくるでしょう。運動不足や暑さのせいで，食欲もなくなることもあります。そして具合が悪いことを，担任になかなか伝えられないのが1年生です。

　まずは担任の先生が，努めて明るく元気にしていましょう。子どもたちの表情や体調に気を配り，原因を見つけたり寄り添って話を聞いたりします。「早寝早起き朝ごはん」等，体調管理を家庭に奨励することも大切です。

2 学習面

　冷房があるとはいえ，梅雨時の蒸し暑い中で学習をするのがしんどい子はたくさんいます。入学から2か月たったのでそろそろ慣れやダレが出てくる時期でもあります。雨で体育ができない，休み時間に外で遊べない等で体力をもて余し，集中力も低下します。

　無理に根を詰めず，余裕をもって授業を進めるようにしましょう。45分間，すわりっぱなしにならないようにいろいろな学習活動を盛り込み，時々息抜きをしながら，テンポよくリズミカルに授業を展開するようにします。

3 対人面

　雨の日が続くと，教室でのけんかやトラブルが増えてきます。室内で走りまわったり，不用意な動きをしたりして，けがにつながることもあります。

　室内で読み聞かせや折り紙，粘土をしたり，みんなで室内あそびを行ったりするなど，教室での過ごし方を考えさせます。担任は，必ず教室にいて，一緒に遊びながら子どもたちを見守ることが大切です。

（藤木美智代）

雨の日も楽しめる教室・体育館あそび

6 June

雨の日にもたくさん動こう！

キツネのしっぽ取り

 時間 **5分**　　 準備物 　●スズランテープ

ねらい

　ゲーム性のある運動を通して，雨の日でも運動量を確保したり，仲間同士で楽しんだりする。

1.ルールを理解する

　今から，「キツネのしっぽ取り」をします。全員しっぽをズボンにつけたら，２チームに分かれてそれぞれのスタート地点に移動します。先生の合図で，各チーム１人ずつ体育館を１周します。前の人のしっぽが取れるように走りましょう。１周したら，次の人にバトンタッチします。途中で相手のしっぽを取れたら１ポイントです。しっぽを取ったり，取られたりした人は抜けてください。抜けたらどちらも次の人がスタートします。取られたら新しいしっぽをもらい，また後ろに並びます。時間は５分間です。５分後に何ポイント取れるかやってみましょう。

2.練習として，リレーだけを行う

　それでは，実際にやってみましょう。自分が走る順番を確認します。確認ができたらスタート場所へ行きましょう。

それでは，まずは練習で一度リレーだけやってみましょう。

 まずは，走ってみよう！

 行きます。よーい，スタート！

3. 本番を行う

 ここからが本番です。今度は自分の前の人のしっぽを取れるように
走りますよ。

 よし，つかまえるぞ！

 つかまりたくないから一生懸命にげるぞ。

```
＼ プラスα ／
```
4チームにして四隅からスタートしたり，逆走バージョンを取り入れ
たりすると，さらに盛り上がります。

相手よりも早く，ゴールへたどり着け！

陣取りじゃんけんゲーム

 時間　10分

 準備物　なし

チームで陣取りゲームに取り組むことを通して，協力することの楽しさを感じることができるようにする。

1. ルールを理解する

 今から，「陣取りじゃんけんゲーム」をします。まずは，クラスで2チームになり，走る順番を決めてください。お互いに1人ずつスタートし，机の間を走路にして走ります。相手チームの人と出会ったらじゃんけんをします。勝った人はそのまま走り続けます。負けた人は，道から抜けて次の人がスタートします。2人が出会ったらまたじゃんけんをして，勝った人が走り続けられます。先に相手のスタート地点まで行くことができたチームの勝ちです。

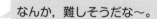 なんか，難しそうだな～。

2. 練習を兼ねてやってみる

 まずは，実際にやってみましょう。それでは，先頭の人がスタートします。よーい，スタート。

じゃんけん，ぽん。よし，勝った！

 あー，負けた。

3. 全員で取り組む

 それでは，ここからが本番です。どちらかのチームがゴールにたどり着くまでやりますよ。よーい，スタート！

 がんばれ〜！

 絶対負けないぞ！

＼ プラスα ／

　時間を長めに取って何回戦か繰り返して行い，たくさん勝てたチームの勝利という形にするとさらに盛り上がります。

雨の日も楽しめる教室・体育館あそび

雨の日は頭に汗をかこう！

マドから言葉探し

時間 **3～6分**

準備物 ●プリント

ねらい

マス目に入れられた文字からできるだけたくさん言葉を探す活動を通して，頭を活性化させたり，知的な活動を楽しんだりする。

1. ルールを理解する

先生がプリントを配りますので，後ろの友だちにまわしてください。みんなのプリントのマド（マス目）の中にひらがなが書いてあります。その中のひらがなだけを使って，できるだけたくさんの言葉を見つけましょう。

> **うまくいくコツ**
> 全員がチャレンジしやすいように，最初は少ない字数で行う。

2. 練習を兼ねて2，3回行う

先生がお手本を見せます。例えば，マドの中の「か」と「さ」で「かさ」，「か」と「え」と「る」で「かえる」です。マドの中の同じ字は使っても構いません。それでは実際にやってみましょう。まずは練習で30秒間やってみましょう。よーい，スタート。

どんな言葉が見つけられそうかな。

3. 本番を行う

ここからが本番です。1分間でできるだけたくさんの言葉を見つけてくださいね。いろいろな言葉を発見してくれることを楽しみにしていますよ！ それでは，よーい，スタート！

4. 見つけた言葉を発表する

それでは，どんな言葉が見つかったか，教えてください。

「えさ」！ 「さめ」！ 「あさ」！

たくさん，見つけられましたね！

(久下 亘)

\ プラスα /

マド（マス目）は，いろいろなパターンを用意しておくとたくさん楽しめます。また，16マス，25マスなどもあるといいでしょう。

7月の学級経営のポイント

1 夏休み前の振り返りを行う

4月からこれまで息つく暇もなく駆け抜けてきましたが，夏休みで1つ大きな区切りを迎えます。夏休みに入る前にこれまでを振り返り，子どもが自分自身の成長を認識し，よい形で夏休みを迎えられるようにしましょう。

振り返りの仕方ですが，私は簡単なワークシートを作成して行っています。ワークシートには，

・がんばったこと
・もうすこしがんばりたいこと

といった記述の項目と，

・ほんをたくさんよんだ（◎・○・△）
・あいさつがじぶんからできた（◎・○・△）

といった選択の項目があります。

このようにしてワークシートに書いてもらったら，それを見ながら一人ひとりと話をします。「○○くんはいつも元気よくあいさつをしているよね。気持ちがいいよ」「△△さんは，ノートの字がいつも丁寧だよね。すごいなぁ」と，成長やがんばりを伝え，「9月からもよろしくね。よい夏休みを過ごしてね」と笑顔でメッセージを送ります。

2 保護者との個人面談では「聞く」を意識する

夏休み前のこの時期に，保護者と個人面談を行う学校は多いのではないでしょうか。

保護者は忙しい中で都合をつけて学校に来てくれます。「来てよかった」「話ができてよかった」と思ってもらえるように，しっかりと準備をして個人面談に臨みましょう。準備をする際は，下記のように学習面と生活面に分けて準備をするとわかりやすいです。

<学習面>

・これまでの学習プリントやノート
・テストの結果
・授業中の様子を撮った動画や写真　など

<生活面>

・振り返りで書いたワークシート（左記参照）
・これまでに記録してきたよさやがんばり
・給食や掃除の様子を撮った動画や写真など

ここまで準備をして臨むのですが，個人面談当日は，「話す」よりも「聞く」ことを意識しましょう。イメージとしては，「聞く7割・話す3割」という感じです。保護者の思いを受け止め，9月からの指導・支援に生かしていきましょう。

3 夏休み前のお楽しみ会で 楽しい思い出をつくる

　子どもと一緒にお楽しみ会を行い，楽しい思い出をつくりましょう。まずは子どもに，お楽しみ会とはどのようなものか，何を目的にして行うのかを説明します。そのうえで，お楽しみ会で何をしたいのかを聞きます。１年生のこの時期ですので教師主導にはなりますが，できる範囲で子どもの意見を取り入れながら決めていきます。私の場合は，それまで撮りためた画像や動画をスライドショーにして子どもに見せています。それにより，子どももこれまでの自分たちのがんばりを実感でき，笑顔になります。最後に「また９月に元気に会おうね！」と締め括ります。

4 子どもの意欲に応えて 任せる場面を増やしていく

　７月は，６月に出た小さな芽が少しずつ大きくなってくる時期です。まだまだ茎も細く弱々しい芽ですが，これからしっかりと根を張り，上へ上へと伸びていこうとする姿が見られます。その「伸びよう」という気持ちに応えるには，子どもの実態に応じて，任せられるところは信頼して少しずつ任せることを考えていくとよいでしょう。入学してからこれまでの経験を生かして，「自分たちでやらせていく」のです。

　夏休み前のこの時期，上に上に伸びていこうとする芽を大切に育てていきましょう。

（浅野　英樹）

7
月

1学期の振り返り

1 学級づくり

　1年生の1学期の大きな目標は，「学校や学級が子どもたちにとって安心できる居場所となること」です。

　子どもたちは幼稚園や保育所，認定こども園で様々な力を身につけて入学していますが，学んだことや自分らしさを発揮できるかは環境によって異なります。だからこそ，1学期は担任を始めとした学校の職員との縦のつながり，そして友だちとの横のつながりを大切にしながら生活するのが大切です。

　そういった安心できる学級になっているかを軸としながら，基本的な生活習慣が身についているか，集団での学ぶうえでの力が育まれているか，次のような視点で1学期を振り返ってみましょう。

□担任以外の学校職員とよい関係が築けているか。
□子どもたちが保健室や職員室などの場所を把握しているか。
□全員が朝や帰りの支度を8分以内で終えられているか。
□当番活動のしくみを理解し，進んで取り組んでいるか。
□困ったことがあれば，担任にSOSを出せているか。
□お道具箱やロッカーの中の自分の持ち物を整理，管理できているか。
　（紛失したら担任に申し出る。使い終えたら持って帰る，など）
□全員が体育服や白衣への着替えを8分以内で終えられるか。
□登下校の決まりを理解し，安全に下校することができているか。
□教師は子どもたちが休み時間はだれと遊んでいるか把握しているか。

2 授業づくり

　1年生の1学期は幼児期の学びと小学校期の学びをつなぐうえでとても大切な時期です。そこで，最も大事にすべきは，子どもたちが「やってみたい！」と目を輝かせるような授業です。心のドキドキワクワクに突き動かされ試行錯誤が始まり，その中で考え，結果として様々なことに気づき，できることが増えていくからです。

　また，そういったドキドキワクワクを大切し，遊ぶように学ぶためには，集団で学ぶ「ルール（約束事）」や，一人ひとりが集中して学びを積み重ねたりするための「型」が必要になってきます。

　以上の点を踏まえて，次のような視点で1学期を振り返ってみましょう。

7月

□子どもたちの目が学ぶ喜びで輝いているか。

□教師が指示してから5秒以内に子どもたちが行動に移しているか。

□指示がわからないとき，教師や友だちに聞けているか。

□全員が教師や友だちの話を聴こうとしているか。

□全員がひらがなを読めるようになっているか。

□全員が正しい鉛筆の持ち方を理解しているか。

□10までの数の構成や分解がスムーズにできているか。

□全体で話し合うときに相手を意識した言葉が使えているか。

□教師は子どもたちの学びのストーリーを意識しながら授業できたか。

（安藤　浩太）

保護者面談
のポイント

1 事前準備に力を入れる

①机のレイアウトを整える

　レイアウト1つで面談の雰囲気が変わります。基本的に下のように保護者と教師が斜めの場所にすわる形がおすすめです。正面で向き合わないので身体的な距離を保ちつつも心理的な距離は遠くならず，緊張感が和らいだよい雰囲気で行うことができます。

Ⅱ字型で斜めにすわる形

L字型で斜めにすわる形

②時計を置く

　互いに時間を調整したうえで面談を実施しています。会社を抜け出して来校している保護者もいらっしゃいますから，時間は絶対に守ります。遅れれば次の保護者や同僚に迷惑がかかり，多方面からの信頼が損なわれます。信頼を得るはずの面談でそのようになっては本末転倒です。時計を保護者にも見えるところに配置し，両者が時間を意識できるようにします。

③情報を整理する

　保護者が知りたいことは，「学力・授業の様子」「友人関係・休み時間の様

子」「我が子のよさ・課題」の３つです。普段からこの３つについてメモし，情報が足りなければ早めに子どもをよく観察したり，振り返りのアンケートを行ったりして把握しましょう。成績表の他に，子どもが活動している写真も用意します。百聞は一見にしかず。イメージしやすく説得力が増します。

2　保護者の関心に応じて面談の重点を変える

面談は，①家での様子，②学力や授業の様子，③友だち関係・休み時間の様子，④その他（学校へのお願いなど）の流れで行います。保護者の話を聞くことを大切にして，教師は保護者が一番聞きたいことを中心に話します。特に１年生の場合は，入学してはじめての面談の場合が多いです。毎日の教師からの連絡帳もなくなり，幼稚園や保育園のときよりも入ってくる情報は少なくなるので，不安に思っている方も多いでしょう。まずは保護者が不安に思うことや気になることなどをじっくりと聞きます。友だち関係を心配しているなら，「③友だち関係や休み時間の様子」の話を中心にするなど，保護者の関心に応じて面談の重点を変えることも大切になってきます。

3　課題とよさは１：５で伝える

学級全体ではなく，その子ならではの内容を伝えます。何のときに何をしていてどうだったのかを丁寧に話すことで，保護者は「しっかり見てくれている」と安心感を抱くことができます。また，課題を伝えるときには，その子のよさを５つは伝えてからにします。課題ばかり言われてもよい気分にはなれません。大切な我が子のことです。よさを５つ伝えられ，ようやく１つの課題を受け入れられるものです。もちろん，課題を伝えた後は，その対応策もセットで伝えていきます。帰りに「来てよかった」「明日も安心して学校に通わせよう」と前向きに思ってもらえる面談を目指しましょう。

（日野　勝）

1学期の通知表文例

●元気いっぱいのあいさつができる子ども

> 毎朝，○○さんが教室に入るときには，元気いっぱいの「おはようございます」が聞こえます。とても気持ちのよいあいさつで，朝から学級全体に和やかな雰囲気が広がります。

その子の行動で，まわりにどのようなよい影響があったのかを記述することで，行動の価値が伝わります。

●健康的で，外あそびの好きな子ども

> 休み時間が始まると，一目散に運動場に飛び出します。友だちと仲よくサッカーをして遊ぶことが多く，汗びっしょりになって，すがすがしい笑顔で帰ってきます。

休み時間に，よく運動をしているということだけでなく，友だちと遊べているということも同時に伝えています。

●算数が苦手な子ども

> 算数では，問題を読んで立式することが難しかったです。焦らず時間をかければできているので，今はゆっくりでも大丈夫です。

早さや効率よりも，丁寧に確実に取り組むことを伝えます。

●あさがおの世話をがんばった子ども

　毎日忘れずにあさがおに水やりができました。そのときに，あさがおの細かい生長を見逃さず「芽の間から新しい葉っぱが出てきたよ！」とうれしそうに教えてくれました。夏休みに植木鉢を持ち帰るのを楽しみにしています。

　発見したことを取り上げ，そのときの様子を伝えることで，成長が具体的にわかります。

●学習のルールが定着している子ども

　休み時間にちゃんとトイレを済ませ，チャイムが鳴ると，すぐに着席することができました。○○さんの先を見据えた行動はみんなのお手本となっています。

　できていることを具体的に伝え，１年生に必要な力が備わっていることを伝えます。

●プリントやノートの直しが苦手な子ども

　プリントやノートの直しを忘れて，遊びにいってしまうことがありました。先生と一緒であればきちんと取り組めていますので，さらに実力をつけるために自分から進んでやることを目標にしましょう。

　直しを忘れてしまうという現状を伝えたうえで，先生と一緒にがんばっていることを伝えます。

7月

●丁寧に掃除をしている子ども

　掃除に積極的に取り組み，ほうきを上手に使って隅にあるごみまで丁寧に取りました。友だちにほうきの使い方を優しく教えてあげることもあり，みんなからも一目置かれています。

　清掃を進んで行う子どもの所見は書きやすいものですが，通知表の他の項目（生活の記録・行動の記録）と一致していることが大切です。

●プールでの学習が得意な子ども

　水泳の学習で，「カニさん」や「ワニさん」になりきるには，水の中でどのように動けばよいかを考えました。怖がらずに水に潜って足の先までピンと伸ばして表現しました。○○さんが動くと，本当に水の生き物がいるようでした。

　「水あそび」の指導で，どのような活動を行ったのかを伝え，子どもが工夫していたところを伝えます。

●すぐに発言してしまう子ども

　意欲的に学習に取り組めています。発表したい気持ちが強く，最後まで話を聞かずに答えてしまうこともありましたので，発表するときかどうかを考えて発言できれば，より学級の学びが深まります。

　低学年でよく見られる，すぐに「はいはい！」と言って発言してしまう子。授業の適切なタイミングであれば，とてもよいことだと伝えます。

●音読が得意な子ども

> 音読発表会では，一文字も間違えずに，すらすらと読むことができました。おうちで，宿題をがんばっていることがよくわかりました。

宿題が関係している内容については，ご家庭の協力のおかげで子どもがこんなに成長できたことを伝えます。

●友だちに優しい子ども

> まわりをよく見て，困っている友だちがいると「どうしたん？」「手伝うで」と優しく声をかけることができます。だれに対しても優しい声かけができているので，みんなからも慕われています。

子どもの言った言葉を使い，友だちにどのような接し方をしているのかを具体的に伝えます。

●読書が苦手な子ども

> 朝読書のときに，選んだ絵本に集中できない場面がありました。先生と一緒に読む本を選ぶと，10分間集中することができました。2学期もいろいろな物語に触れて，一緒にお話の世界を楽しみたいです。

苦手なことを伝えたうえで，先生も一緒にがんばってくれているんだ，ということも伝えます。

（田中　直毅）

7月

8月の 学級経営の ポイント

1 ゆっくり休み, これまでを振り返る

夏休みは,心身ともにリフレッシュできる貴重な期間です。ゆったりとした時間を落ち着いて過ごせます。睡眠時間をいつもより長めに取るなどしてこれまでの疲れを癒し,ゆっくりと休んでください。旅行したり実家に帰省したり,趣味に時間を使ったりと,夏休みにしかできないことをするのもいいですね。

そのようにしてゆっくりと過ごしつつ,4月〜7月を振り返る時間を取りましょう。教師はやることが多く,どうしても先の予定に目がいきがちになりますが,振り返りを行うことが力を伸ばすポイントです。

振り返りの方法ですが,私は下記のように項目をつくって書き出しています。

・学習面での成果・よかったところ
・学習面での反省点と改善策
・生活面での成果・よかったところ
・生活面での反省点と改善策

1人で行うのもよいですが,仲のよい同僚や友人と集まって「振り返り会」を行うのもおすすめです。同僚や友人からフィードバックをもらうことで,より力になります。

2 12月までの見通しをもち, できる範囲で準備を進める

左記の振り返りとともに夏休みに行っておいた方がよいのは,12月までの見通しをもち,できる範囲で準備を進めておくことです。準備を進めておいた状態で9月を迎えることで,心と時間に余裕をもって過ごすことができます。

まずは9月から12月までに,どのようなことがあるのかを把握します。大まかには,

・授業の予定
・クラスで実施したい取組
・運動会や音楽祭等の学校行事
・校内研究
・成績処理
・校務分掌関係業務

となると思います。

これらの準備を夏休み中にこつこつと進めていきます。特に授業は毎日行うものですので,ざっくりでも1〜2か月分の準備を行っておくと,9月以降がとても楽になります。

心と時間に余裕があることで,子どもへの対応や接し方によい影響が出ます。夏休み中にぜひ準備を進めておきましょう。

3 セミナーや書籍などで情報収集し，スキルアップを図る

夏休みは，全国各地で様々な教育セミナーが開かれます。国語や算数など教科に特化したものもあれば，学級づくりに関するものもあります。時間に余裕がある夏休みに，こうした教育セミナーに参加し，スキルアップを図ってみるのも手です。私としては，オンラインではなく，できれば対面をおすすめします。対面ですと，全国から意欲をもって集まってくる教員仲間とのつながりもできます。

また，この機会に教育書を読むのもよいですね。「教育情報は宝」と言われます。自分の引き出しを増やし，9月からの授業や学級経営をよりよくしていきましょう。

4 できる範囲で子どもとの関わりをもつ

8月は，植物にたとえればできる範囲で手入れを続ける時期です。手入れを続けるといっても，子どもが学校に来ないので，できることは限られます。例えば暑中見舞いを書いて，「9がつにまたあえるのをまっているね♪」とメッセージを伝えるのもよいですね。

夏休み中に登校日がある場合は，登校した子どもを「久しぶり！ 元気だった？」と温かく迎えて，「会えてうれしかったよ。9月にまた会おうね！」と笑顔で伝えます。

このように，夏休みであってもできる範囲で手入れを続け，9月からの健やかな成長につなげていきましょう。　　　　（浅野　英樹）

9月の 学級経営の ポイント

1 夏休み明けは ルールやシステムを再確認する

9月。学校生活の再スタートです。夏休みを終えた子どもは，どことなく地に足がついておらず，気持ちがふわふわしているように見えるかもしれません。それは，学校生活とは違うそれぞれの家庭のリズムで長期間過ごしていたので当然です。子どもだけでなく，私たち教師もそれは同じでしょう。

そういう状態だからこそ，夏休み明けのリスタートで大切なことは，「焦らずに落ち着いて，一つひとつのルールやシステムの再確認をしていくこと」です。気持ちがふわふわした感じに見える子どもを見て，焦ったり怒ったりする必要はありません。「これはどうするんだったっけ？」「そうだね，〇〇くん，よく覚えているなあ。さすが！」といった感じで，7月までに行ってきたことを，一つひとつ丁寧におさらいしていくのです。

もし7月までに学級がうまくいっていない場合は，9月の最初が立て直すチャンスです。教師の思いや願いを語り，価値やよさを伝え続けながら，ほめ言葉と認め言葉を主体にして子どもと接していきましょう。

2 子ども同士が関わる 活動を増やす

7月までに，「朝と帰りの支度」「トイレや流しの使い方」「給食や掃除の仕方」「学習用具の準備の仕方・使い方」など，学校で過ごすための基礎・基本はほぼ身についてきていることと思います。

9月からは，その土台を踏まえて，レベルアップを図っていきます。それは，「子ども同士が関わる活動を増やす」ということです。これまでは「教師－子ども」という縦軸の関係を丁寧に紡いできたと思いますが，9月からは「子ども－子ども」という横軸の関係を意識的に紡いでいきます。そのためには，特に授業での取組が効果的です。例えば算数において，子ども同士で一緒に考える学び合いの活動を取り入れたり，国語において，「ペアで話し合ってごらん」「3人組で意見を1つに絞ってごらん」といった話し合い活動を取り入れたりするとよいでしょう。

子ども同士が関わる活動を増やし，「子ども－子ども」という横軸の関係をしっかりと紡いでいくことで，クラス全体をこれまで以上に成長させていきましょう。

3 夏休み明け初日に 楽しいアクティビティを行う

　夏休み明け初日を楽しく過ごすことで，子どもは「これからまたがんばろう」と思えます。そのために，下記のようなアクティビティを行ってはいかがでしょうか。
・夏休みにしたことビンゴ…3×3のマスに「スイカを食べた」「花火をした（見た）」などの項目が書かれたプリントを用意します。子どもは教室を自由に歩いて友だちと2人組をつくり，質問し合ってビンゴを目指します。
・夏休み〇×クイズ…「私は夏休みに山形のおばあちゃんの家に行った。〇か×か」といった〇×クイズを子どもにつくらせ，友だち同士で出し合います。

4 これまでの土台を生かしつつ 温かく見守る

　9月は，成長の芽がぐんぐんと大きく伸びてくる時期です。これまでの土台を生かし，子ども同士の関わりを意識的に増やしていくことで，どんどん芽は上へ上へと伸びようとします。しかし，1つ注意が必要です。ここで早く花を咲かせようと焦って強引な手入れをすると，伸びようとする芽を逆につぶしてしまうことになりかねません。

　伸びようとする芽を温かく見守り，「それでいいんだよ」「いつもありがとう」などのプラスの声かけを続け，伸びようとする方向を適切に示していきましょう。

（浅野　英樹）

9月

2学期はじめの
チェックポイント

生活面	□母子分離できていない □登校渋りをする □登校してから朝の支度がなかなかできない □チャイムとともに行動できない □あいさつや返事ができない □給食を時間内に食べられない □掃除の仕方を忘れている
学習面	□学習のルールを忘れている □授業で眠そうにしている □いすにすわる姿勢が悪い □毎日持ってくる学習道具がそろっていない □45分間集中できない □話を聞いていない □手いたずらが多い
対人面	□日焼けしていない □体重が増え過ぎている □自分勝手な行動が目立つ □けんかやトラブルが多い □あそびのルールを守れない □すぐに泣く □1人でいることが多い

1 生活面

　小学校に上がってからはじめての夏休み明けです。家でのんびりと自由に過ごす時間が長かったので，4か月間で培ってきた学校生活のルーティンが抜けてしまう子がいます。1年生になったということで気を張ってきたたががはずれ，幼児返りをする子もいることでしょう。

　初心に戻り，徐々に学校生活を取り戻していくことが大切です。まずは1日の生活の流れを確認し，給食や掃除のやり方を思い出させます。

2 学習面

　生活面と同様に，4か月間で培ってきた学習のルールが抜けてしまう子がいます。せっかく身につけてきた45分間の授業も，家でゴロゴロしていたという子にとっては苦痛と感じるのは当然です。

　45分の授業にリズムとテンポをもたせ，楽しく学習させる工夫が必要です。最初のうちは，飽きないように活動を細分化し，動きのある学習内容を仕組むことが大切です。少なくとも，45分間すわりっぱなしで，ただ先生の話を聞くだけの授業では集中できないでしょう。

3 対人面

　40日もの間，家が居心地よく，保護者も心配だからといって外に出さずに過ごしてきた子も多いはずです。兄弟や親せき，親同士が仲良しの友だちなど，わがままを通すことができる相手とばかり遊んでいた子も多いでしょう。

　学校が始まり，クラスの大勢の友だちの中で，協力や助け合い，我慢や譲り合いの大切さを所々で思い出させることが必要です。トラブルや意見の対立があったら，その都度チャンスと捉え，指導していくことが必要です。

（藤木美智代）

避難訓練
指導のポイント

1　普段の整列・移動の指導を丁寧に行う

　避難訓練に限らず，学校では集団行動の場面がたくさんあります。4月から指導してきた「口を閉じて」「素早く」並ぶことがどの程度身についているか，機会を捉えて改めて点検します。

2　標語の定着度合いをみる

　「おはしも」など定番のキャッチフレーズを覚えているか確かめておきます。最近では「ちかづかない」を加えた「おはしもち」を使う学校も増えてきました。担当の分掌から出されている内容を確認しておきましょう。

3 事後の振り返りを丁寧に行う

　避難訓練は，実際に避難が必要な事態が起きた場合に備えて，「前もって」
行うものです。つまり，訓練したことを実行できなければ，訓練の効果はな
かったということです。しかしながら，実際に避難が必要な事態が起こるま
で，そのことを確かめる術はありません。そこで，訓練の振り返りが大切に
なります。「おはしも（ち）」の約束が守れたかどうか，校内放送をよく聞い
て素早く行動できたかどうか，自己評価する機会をつくります。

　とはいえ，１年生という発達の段階ですから，自分の姿を客観的に捉えて
振り返りをするのは難しい場合もあります。そこで，訓練中の様子や集合場
所での様子，訓練に対する参加態度など，教師の目から見てよかったと思わ
れることを取り上げ，肯定的なフィードバックを行います。「がんばってよ
かったな」「真剣にできたな」という気持ちになるように話しましょう。

（藤原　友和）

9
September

夏休み中の共通点を見つけて盛り上がろう！

おんなじおんなじ

 時間 **10分**　 準備物 なし

ねらい

質問し合って夏休み中の共通点を見つけるゲームを通して，質問する楽しさや，共通点を見つける喜びを感じる。

1. モデルを見ながらゲームのルールを理解する

今からするゲームは，ペアの友だちと夏休み中の「おんなじ」を見つけるゲームです。たくさん「おんなじ」を見つけられたペアが勝ちです。ただし，当たり前の質問はNGです。まずは，先生と○○さんでお手本を見せますね。夏休みに，スイカを食べましたか？

はい，食べました。

「はい」と答えたら2人で「イエーイ！」とハイタッチしましょう。イエーイ！

先生は，夏休みに花火をしましたか？

花火したよ。イエーイ。これで2ポイントです。このように，交代で質問し合いましょう。

2.ペアでゲームに取り組む

 夏休みに，アイスクリームを食べましたか？

 はい，食べました。イエーイ！　夏休みに，セミを捕まえましたか？

 捕まえたよ。イエーイ！　これで2ポイント。海で泳ぎましたか？

3.活動中によかったところを振り返る

 「おんなじ」が10個よりも多かったペアがあったんですね。どのペアも笑顔でゲームを楽しんでいたのがよかったです。

 たくさん「おんなじ」が見つかったね。

9月

> ＼　ポイント　／
> 　活動中は，子どもたちの笑顔や身振り手振りといった非言語に着目してほめるようにしましょう。コミュニケーションのポイントです。

教室が元気になるリスタートあそび

楽しみながら心も体もほぐしていこう！

船長の命令ゲーム

時間	10分	準備物	なし

ねらい

船長の出す指示に従うゲームを通して，楽しみながら望ましい行為を確認するとともに，学級の雰囲気を高める。

1. ゲームのルールを理解する

今から先生は，船長になります。船長の命令には絶対に従わないといけません。「船長の命令」と言ってから出した指示には従ってください。でも，「船長の命令」と言わずに出された指示に従ってしまうとアウトです。

2. ルールを確認しながらゲームをする

それでは，実際にやってみましょう。船長の命令，立ちましょう。そうです，ここでは立ちます。はい，じゃあ1回座りましょうか。…残念！　今のは「船長の命令」をつけていないので，座ってはいけません。

> **うまくいくコツ**
> ジャンプや回転，簡単なダンスなどをすると盛り上がる。

うわー，つられてしまった。

アウトになっても続けましょう。どんどんいきますよ。

3. ゲームを楽しみながら望ましい行為を確認する

 船長の命令，ビシッと手をあげましょう。

 ビシッ！

 船長の命令，最高の姿勢で座りましょう。かっこいい姿勢だね。

 はい，勢いよくジャンプ！　ブーッ，残念！

 また引っかかっちゃったよ。

 みんなで盛り上がることができたね！

＼　ポイント　／

　命令を出す先生側が率先して楽しむことが一番です。楽しみながら望ましい行為を確認することが，2学期のリスタートのポイントです。

9 September

みんなで元気に盛り上がろう！
王様じゃんけん

🕐 **時間** 10分

📝 **準備物** なし

ねらい

じゃんけんで勝ち抜いて王様になるゲームを通して，みんなで元気に声を出し合い，教室の雰囲気を盛り上げる。

1.ゲームのルールを理解する

今から，先生とじゃんけんをします。先生に勝った人は残ります。負けた人，あいこだった人は，席に座りましょう。最後まで残った人が王様になります。

楽しそう。王様になりたいな。

2.先生とじゃんけんをする

それじゃあ，1回目を始めます。全員立ちましょう。
最初はグー，じゃんけん，ぽん！

やったー，勝った！

あいこや負けた人は座りましょう。

> **うまくいくコツ**
> 座った子もじゃんけんに参加し続けてよいというルールにしておく。

3 . 王様を決める

 4人が残りました。最後は，この4人でじゃんけんをして，王様を決めましょう。じゃんけん，ぽん！

 勝った！　やった！　王様だ。

4 . 王様対全員のじゃんけんに取り組む

 おめでとう！　みんなで大きな拍手を送りましょう。それでは今度は王様になった太郎さんに，みんなとじゃんけんをしてもらいます。

 次こそ，王様になるぞ。

＼　ポイント　／

勝った人だけでなく，あいこでも残っていいようにするなど，学級の様子を見て，全員が楽しめるルールにすることがポイントです。

友だちとそろえて盛り上がろう！

せーの，ドン

| 時間 | 5分 | 準備物 | なし |

ねらい

　ペアで指の数をそろえるゲームを通して，温かい雰囲気と友だち同士のよりよい関係性をつくる。

1. ゲームのルールを理解する

> 今から「せーの，ドン」というゲームをします。ペアになって「せーの，ドン」と言いながら，2人の指の本数をそろえるゲームです。最初は，グー，チョキ，パーの3つを出します。もし2人とも同じものが出たら「イエーイ！」とハイタッチをしましょう。時間内に何回も続けてやります。たくさんそろったペアが勝ちです。

2. ゲームに取り組む

> やってみましょう。元気よくハイタッチしてくださいね。よーい，スタート！

うまくいくコツ
何度か練習をしてからゲームを始めるとよい。

> せーの，ドン！ …せーの，ドン！ …イエーイ！

> 5回以上そろったペアはいますか？　すごい！　拍手を送りましょう。

3. 難易度を上げてゲームに取り組む

 ここから，指の本数を増やしてやってみます。さっきは，3種類でしたが，今度は0から5まで出すことができます。グーだと0，パーだと5ですね。指を1本出すと1，4本出すと4です。0から5，何本出してもいいですからね。よーい，スタート！

 せーの，ドン。すごい，そろった！　イエーイ！

4. ペアを変える

 次は，ペアを変えてやってみましょう。

指の数が合うとうれしいね。

（堀井　悠平）

\ ポイント /

笑顔の子や，元気よくハイタッチしている子をほめましょう。ほめることによって，教室の雰囲気を温めていくことにつながります。

133

10月の学級経営のポイント

1 秋の学校行事の見通しと目標を共有する

　9月下旬から10月・11月ごろにかけて，気候も涼しくなってきて，秋の学校行事が目白押しです。秋の運動会や音楽祭，授業参観など，様々な学校行事が行われます。5月にも書きましたが，学校行事に取り組む際は，どのような学校行事なのかを子どもに説明し，見通しと目標をもたせることが重要です。

　そのうえで，入学から半年が経ち，子どもの姿にかなりの成長が見えますので，学校行事においても春よりもレベルアップする工夫を取り入れましょう。

　例えば，行事ごとに実行委員を決めます。実行委員は，始まりと終わりのあいさつをしたり，練習が終わった後に感想を述べたり，教師のサポートをしたりして活躍します。

　また，「ここの部分のダンスをみんなで考えてみてよ」「どういうふうに歌えばいいと思う？」「見ている人を盛り上げるいいアイデアはないかな？」と，子どもにどんどん意見を出してもらうのもよいですね。

　秋の学校行事を通して，さらにもうひとまわり大きく成長しましょう。

2 子どもに「預ける」割合を増やす

　9月から，子ども同士の関わりを意識的に増やしてきました。「子ども一子ども」の横糸がだんだんと張れてきたのではないでしょうか。そこで10月は，子ども同士の関わりをさらに増やすために，子どもに「預ける」割合を少しずつ増やしてみましょう。

　例えばこれまで教師が中心となって休み時間のクラスあそびを行っていたところを，「クラスあそび係」をつくり，できる範囲で子どもに預けてみるのです。また，それまで教師が行っていた提出物やプリント類の確認を，「ペアごと」「班ごと」などできる範囲で子どもに預けてみるのです。

　もちろん，「預ける」といっても，すべてではありません。「目を離さず，可能な範囲で手を離す」というイメージです。

　子どもは，任され頼られるとやる気をもって取り組みます。そして「ありがとう」「うれしいな」「あなたのおかげだよ」と労い・承認の言葉をかけられることで，「もっともっと」と，より伸びていこうとします。子どもに預けられるところは預けていきましょう。

3 通知表を渡す意義を伝え労いと振り返りを行う

　2期制の地域では，子どもたちははじめての「通知表」をもらいます。渡す際には，通知表とはどういうものかを説明し，一人ひとりを呼んで前期の労いの言葉と後期への激励の言葉をかけて渡しましょう。たくさんほめてあげてください。また，私は「じぶんでつけるつうちひょう」という取組を行っています。これは，「あいさつができた…◎・○・△」「本をたくさん読んだ…◎・○・△」などの項目があり，自分で前期のがんばりを振り返るプリントです。これも一緒に保護者に渡しています。保護者からも好評で，そのプリントにひと言感想を書いてもらっています。

4 子ども同士の活動や子どもに預ける機会を増やす

　9月に続き，10月もますます背丈が大きくなってきます。背丈と同時に，茎も太くなり，どっしりとしてきます。

　この時期までくると，多少のことでは揺るがない安定した集団になっているのではないでしょうか。

　こうした安定した状態を感じたら，どんどん子ども同士の関わりを入れたり，子どもに預けたりしていくことで，より成長が加速します。

　蕾がつき，花が咲く時期がもうすぐそこまで来ているのです。

（浅野　英樹）

135

音楽祭 指導ポイント＆ 活動アイデア

1 指導ポイント

☑ 計画的に取り組む

音楽祭に向けて何が必要なのかを考え，学年のスタート時より長期的な計画で取り組む。

☑ 緊張感を想定しておく

小学校生活はじめての音楽祭。緊張しても普段の力が発揮できるように，場や方法を工夫して練習に取り組む。

☑ 基本的な態度を身につけさせる

せっかくの発表も，その立ち振る舞いで台無しにならないように，年間を通じて，様々な場面で指導していく。

☑ 前向きに取り組めるようにする

曲の選定や練習方法を工夫して，「自分にもできそう」と感じさせることで，前向きに取り組めるようにする。

☑ みんなで楽しく取り組めるようにする

歌声や楽器の演奏を合わせる心地よさを感じさせることで，みんなで一緒にする楽しさにつなげる。

2 活動アイデア

①演奏箇所や楽譜を工夫する

　音楽祭に向けて，学年で合奏に取り組む学校も多いでしょう。どの子にも「よし，がんばるぞ！」「みんなで合奏するのが楽しみだな」と思えるようにしたいものです。同じ曲を演奏する場合でも教師の少しの工夫で子どもたちの気持ちは変わります。2つの工夫を紹介します。

　1つ目の工夫はどの部分を演奏するか考えることです。いつも鍵盤ハーモニカがメロディを演奏する必要はありません。メロディが難しい場合，教師がピアノでメロディを演奏し，子どもたちが鍵盤ハーモニカで伴奏を演奏する方法もあります。また，メロディを半分の子どもが歌って，それに合わせて半分の子どもが鍵盤ハーモニカで伴奏する方法もあります。伴奏のときには，小さな音で演奏するように伝えましょう。

　2つ目の工夫は楽譜を1年生用に書くことです。例えば四分音符を丸，八分音符を半分の丸で表し，丸の中に音階を書き込みます。四分休符は黒丸，八分休符は半分の黒丸で表します。各クラスで違う音で演奏する場合はそれぞれに楽譜をつくります。1年生にとっては少し難しい曲でも簡単に見え，子どもたちもやる気満々で取り組むことができます。

②ミニ発表会を開催する

　小学校生活はじめての音楽祭。大勢の観客の前で演奏することに緊張してしまう子どももいます。まずは少人数の前で演奏することから始めましょう。「緊張したけれど，できた！」「間違えたところはあったけれど，最後までがんばれた！」という積み重ねが自信へとつながります。

　1学期から計画的に取り組みましょう。歌唱や器楽の授業で取り組んだ曲を発表グループと観客グループに分かれて順番に演奏したり，音楽づくりの授業でグループでつくった作品を発表したりします。単元の最後に取り入れてみましょう。発表会の最初と最後に礼を入れると雰囲気も出て，本番に向けての慣れにもつながります。

　また，鑑賞するときの態度も同時に指導しましょう。鑑賞のときは目と耳を使ってすてきなところを見つけることや演奏の最初と最後に拍手することなど，基本的なことを押さえておくよい機会です。演奏が終わってからよかったところを発表する時間を取ってもよいですね。

③体育館の練習1日目に全体の流れを確認する

　体育館での練習が始まれば，いよいよ本番まで後少しです。まずは，立つ位置を決めます。本番当日のピアノの位置やライトが当たる位置を前年度の映像を見て事前に確認しておきます。観客席から見えない場所に並ばせないように気をつけましょう。基本的に，クラスごとに背の高い子が上の段になるように並んでいきます。ただし，合奏等がある場合はその並び方を優先させます。曲と曲の間の移動はなるべく少なくしましょう。後列の子は前の子の間に立つようにして全員の顔が観客席から見えるか確認します。つま先をどこに合わせるかまで決めておくとよいでしょう。立つ場所が決まれば，写真を撮ります。次の日，場所がわからなくなった子が出ても安心です。

　次に退場の練習をします。下の段の子から進みます。上の段の子どもたちには静かに下りるように指導しましょう。そして続けて入場の練習もすると時間短縮になります。

　初日にここまで決めておくことで次の日からの練習がスムーズになります。

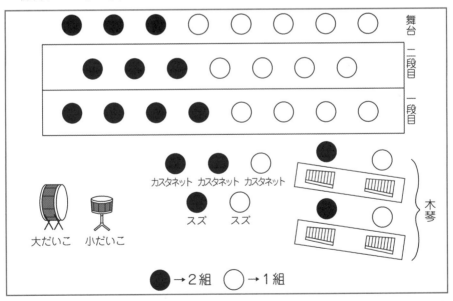

（土師　尚美）

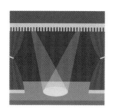

学芸会
指導ポイント＆
活動アイデア

1　指導ポイント

☑ 既存の作品をベースに脚本を作成する

１から作成することは非常に困難。絵本や童話等，子どもたちが小さなころから慣れ親しんできた物語やお話をベースに作成する。

☑ 目標を設定・共有する

「成長を伝えよう！」など１年生が理解できるものに。「その姿で成長は伝わる？」。目標の言葉は，指導の中でも用いる。

☑ 配役を決める

はじらいの気持ちが薄い１年生。全員を演者として舞台に立たせる。表現することに対する「向き・不向き」を認識する機会に。

☑ 固定化した流れで練習を進めていく

「廊下に整列→○○へ移動→上・下手で待機」等，練習開始までの流れを固定化し，子どもが見通しをもって行動できるようにする。

☑ 思い出として形あるものに残す

先生からの一言メッセージを添えた集合写真を。達成感をしっかりと味わわせ，よき思い出として胸に刻ませる。

2 活動アイデア

① 「にらめっこ」で表現指導をする

　学芸会は，表現を学習する場にはうってつけの機会です。表現をするうえで欠かせないのは「表情」。「もっと表情豊かに！」「○○の様子を表情に出して！」と言っても，1年生の子どもたちには難しい要望でしょう。年度はじめから「あそび」を通じて，表情に出すことへの抵抗を軽減し，豊かな表現ができる子どもを育んでいきましょう。おすすめはにらめっこです。

　はじめに取り組むのはいわゆる元祖にらめっこ。「♪にらめっこしましょ，笑うと負けよ，あっぷっぷ」。何の変哲もないにらめっこだけでも子どもたちは大喜びします。ただし，飽きが早いのも1年生の特徴。飽きが見え出したら，「♪○○しましょ，笑うと負けよ〜」と○○の中に様々な条件を入れて取り組ませると盛り上がります。「ほっぺた膨らませましょ」「怒った顔しましょ」等，お題によっては教室中に割れんばかりの笑い声が響き渡ります。

②屋外で大声を出す機会をつくる

　1年生を指導する際，難しい観点はと聞かれれば…声量。1年生の子どもたち。広い体育館全体に届く声なんて出したことがありません。学芸会の練習にかけられる時間は取れても10日程度。10日で無理やり声を出させようとすると，のどを傷めてしまい，本番で声が出ないなんてことも。本番で声が出ない事態に陥らないように，日頃から声を鍛えておきましょう。

　1年生は校区探検や自然あそび等，何かと外に出る機会が多い学年。広々とした野原や公園等があれば，「自分の限界だと思う声の大きさで〇〇（好きな食べ物や動物の名前等）を叫んでみよう！」と促してみましょう。日頃から静かに過ごすように指導されていることが多い子どもたち。ここぞとばかりに喜んで大声を出します。

　なおこの活動は1回きりで終わらないことがポイント。夏は水泳授業，秋は運動会等の機会を活用して継続して取り組んでいきましょう！

③演じる役を想像しながらお面をつくらせる

　指導の場面において，教員は「〜しなさい！」「〜しましょう！」等といった指示の言葉を多用します。指示の多い授業は，受け身になってしまいがち。学芸会での学習においても同じことが言えます。では，主体性をもたせるためにはどのような対策を講じればよいのでしょうか。

　おすすめは，「お面づくり」。「演じるうさぎはよく泣くうさぎだから，涙をたくさんかこう！」「私の演じる象はいつも怒っているから耳を立たせよう！」等，子どもたちは自然と自分が演じる役を想像しながら作成していきます。想像することで役を具体的にイメージできるからか，教師側からの指示がなくとも演技が変わってきます。また"演じる"から少し離れた"つくる"という活動は子どもたちにとって，ほっとひと息つく時間となり，練習の合間の息抜きにちょうどよい活動と言えます。

　お面をつけた後にちょっとした気合を見せる子どもたちの姿。小道具1つで途端に変わる1年生のかわいさを実感できますよ。

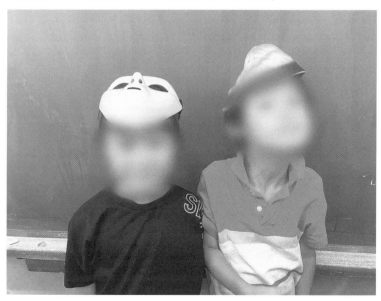

（日野　英之）

秋の運動会
指導のポイント

1　事前にルールやマナーしっかり共有する

　小学校生活はじめての運動会。１年生の子どもたちの中には不安を感じる子どももいることでしょう。不安な気持ちを一切感じさせない，そんな運動会にしたいものです。みんなの安心のために，１年生からルールやマナーはしっかりと共有しておきましょう。例えば次のようなものです。

> 【ルールやマナーをたいせつに】
> ①みんなのじかんをしっかりまもろうね！
> ②かってもじまんしないよ・まけてももんくをいわないよ。

　ルールやマナーの設定は子どもたちの安心感が生まれるだけではなく，指導の明確な基準にもなります。

2　子どものよい姿をすぐに価値づける

　子どもたちのよい姿を思い描くあまり，「早く並びなさい」「横の列をそろえなさい」「もっと早く集合しましょう」などと指示が多くなりがちです。そんなときは子どもたちの行動に価値づけしていくことをおすすめします。「Aくん並ぶのが早いね！」「うわ！　２組の横列すごくきれいだね！」など，よき姿を見つけたときはすぐに価値づけしましょう。個人名をあげれば他の子どももがんばり始めます。クラス名をあげれば他のクラスが対抗心を燃やします。価値づけすることで，よき姿に一気に近づくことができます。

3　指示にあそび要素を取り入れる

　指示ばかりになってしまうと，子どもも先生も疲れてしまいます。お互い
が疲れないためにも，指示にあそびの要素を取り入れ，時間や勝敗などのゲー
ム性をもたせることを心がけるとよいでしょう。

【整列を早くしたいとき】
「今から１分で並びかえるよ！　できるかな〜？　よーい，どん！」
【ダンスのクオリティをあげたいとき】
「クラス対抗戦をするよ！　どのクラスが一番上手かな？」

　このようにすると，子どもが楽しいと感じる指示となり，子どもたちに笑
顔が生まれます。また，あそびの中で，「クリアするためには？」「勝つため
には？」と自然と考えたり協力したりするようにもなるでしょう。

10
月

（工藤　智）

11月の学級経営のポイント

1 日常を大切にして 11月の荒れを防ぐ

「魔の11月」という言葉を聞いたことがあるでしょうか。11月は，子どもの荒れや乱れが目立ち，トラブルが多発することから，そのように言われています。目標となる学校行事が11月にはなく，9月のリスタートから2か月が経過したこの時期，どうしても気が抜けがちになります。「魔の11月」を防ぐための基本としては，日常（生活面・学習面）を大切にしていくことです。

生活面においては，あいさつや返事，整理整頓，時間を守ることなど，これまで継続的に指導してきたことの価値やよさを改めて子どもに伝え，できている子をほめたり認めたりしていきます。もちろん教師も率先垂範していきます。

学習面においては，「学習の見通し（ゴール）を示す」「自力解決で手応えをつかませる」「学び合いや話し合いを取り入れる」「振り返りの時間を取り，学んだことや自分の伸びを確かめる」などの手立てを効果的に取り，子どもが「わかった！」「楽しい！」と感じる授業づくりを心がけます。

2 一人ひとりと 「おしゃべりタイム」を設ける

子どもの荒れや乱れが目立つ11月だからこそ，子どもの気持ちや思いを知り，適切な対応をしていくことが必要です。子どもの気持ちや思いを知るために私が行っていることは，「子どもとのおしゃべりタイム」です。

「子どもとのおしゃべりタイム」とは，毎日，その日の日直の子どもと1対1でおしゃべりをする取組です。「最近どう？」と気楽な雰囲気でおしゃべりする中で，困っていることや悩んでいることがあるかどうかを聞きます。そしておしゃべりの最後には，「いつもあなたのことを応援しているよ。何かあったらいつでも先生に相談してね」と笑顔で伝えます。

毎日子どもと一緒に過ごしていても，何も意識していなければ，1対1で話をする機会はなかなか取れていないものです。「おしゃべりタイム」を通して子どもと1対1で対話をする機会を意図的につくり，その子の思いを受け止めることで，11月の荒れを防ぎ，子どもとさらに良好な信頼関係を築いていきましょう。

3 教師が自らの姿で
手本を見せる

　左ページで「教師も率先垂範を」と書きましたが，「魔の11月」を防ぐための重要なポイントの1つが，教師の立ち振る舞いです。

　「教師が最大の教室環境」という言葉の通り，担任が元気だとクラスも元気な雰囲気になっていき，担任が落ち着いているとクラスも落ち着いた雰囲気になっていきます。すなわちクラスの雰囲気は担任の「鏡」とも言えるのです。ということは，「クラスのここを改善していきたい」というところは，教師が自分の姿で手本を示していくことが必要です。「魔の11月」を防ぐために，率先垂範を心がけていきましょう。

4 感情的になるのを抑えて
子どもに寄り添う

　11月は学級経営にとって厳しい時期と言われますが，厳しい時期だからこそ，それを乗り越えるための手入れを丁寧に続けていくことで，枝の先にできた蕾が少しずつ膨らんできます。

　ここで感情的に怒ったり，子どもの心に寄り添わず教師の思いだけで突っ走ったりすると，花は咲きません。桜は冬の厳しい寒さを乗り越えた先に満開の花を咲かせます。それと同じように，11月という中だるみしがちな時期を，子どもと一緒にしっかりと乗り越え，花を咲かせましょう。

（浅野　英樹）

最近どう？

「11月の荒れ」の
チェックポイント

生活面	□日直や係の仕事が自主的にできない
	□給食当番の仕事がいい加減になっている
	□掃除の時間に遊んだり，さぼったりしている
	□落し物が増えた
	□掲示物が剥がれたり，切れたりしている
	□教室全体が整理整頓されず，雑然としている
	□ごみやほこりがたくさん落ちている
	□机が真っすぐに並んでいない
	□ルールやきまりを守れない
	□多くの子に笑顔が見られない
	□声が小さく，元気がない
	□表情が暗く，具合が悪そうにしている子が多い
	□食べるのに時間がかかり，残すことが多い
	□やる気がなくなり，行動が遅い
	□言われないと動かない
	□教室の床でゴロゴロしている
学習面	□授業が時間通りに始まらない
	□授業中に私語や手あそびが多い
	□２人組等になって話し合うことができない
	□音読の声が小さい
	□挙手する子が少ない
	□いすにすわる姿勢が悪い

	□字が雑になった
	□学習のルールが守れない
	□グループ学習で協力できない
	□45分間集中できない
	□学習用具が用意できない
	□ノートを書くのを億劫そうにしている
	□やるべきことが時間内にできない
	□切り替えが素早くできない
	□授業中ぼーっとしている
	□席を離れ，立ち歩く
対人面	□集団で遊ぶことが少ない
	□班で協力して行動することができない
	□困っている子がいても助けようとしない
	□休んでいる子のことを気にかけない
	□「ごめんなさい」「ありがとう」が言えない
	□ものがなくなったり，落書きされたりする
	□友だちが嫌がる呼び方をする
	□嫌なことを嫌と言えずに我慢している
	□間違えた子の揚げ足を取る
	□けんかやトラブルが目立つ
	□言いつけが多い
	□手や足が出る
	□いたずらや意地悪な行動が目立つ
	□大声を出したり，泣いたりする
	□ルールを守って遊べない
	□１人でぽつんとしている

11月

1 生活面

　季節が秋から冬に変わるころ，気温が段々と低くなるにつれて，テンションも下がるのは大人ばかりではありません。心の中にも寒い風が吹き，子ども心にも切なさや寂しさを感じるころです。小学校に上がって8か月も経てば，「慣れ」から「飽き」に変わり，さらに「荒れ」へと進みがちな11月。

　教室全体の様子と個々の子どもたちに目を向けなければなりません。「慣れ」からくるいい加減さ，手抜き，さぼりが見えてきます。きちんとできることが当たり前になり，担任のほめ言葉が減ると，子どもたちは気を抜いてしまうのです。平坦な日常生活に「飽き」がきて，何かおもしろいことはないかとふざけやいたずらに向かうのでしょう。

　担任も初心に戻り，当たり前だけれどきちんとできていることを認め，ほめてあげます。できていないところは，手立てを考え，再びできるように指導します。この時期にこれができないと，1年の後半，この後がとても大変です。教室は，室温を快適に保つことで体も心も温めることができます。室温だけでなく，教室の雰囲気を温めていくのも担任の仕事です。学級活動として，何か楽しい企画をしたり，何か目標に向かって取り組んだりすることで，テンションをあげていきましょう。

2 学習面

　学習においても「慣れ」が出てきます。最初に守ろうと指導したはずの，授業を始める時間，学習用具の準備，話す聞くルール，姿勢，ノートの文字などを教師が見過ごしていると，だんだんと守らなくてもいいものになってしまいます。「慣れ」から「飽き」，さらに「荒れ」へと進んでいくのは学習場面にしても同じことです。

　ここでもう一度，学習におけるルールを確認し，学習に向かう気持ちを高めていかなければなりません。例えば，「鉛筆を置いて，先生の話を聞きま

しょう」と言ったときに，1人でも鉛筆を持っていたら話し始めないという厳しさが大切です。鉛筆を持っている子がいるのに話し始めてしまったとしたら，「この先生の言っていることは守らなくても大丈夫なのだ」ということを示してしまうことになるのです。こういう「慣れ」を打破し，学習のルールを確立すれば，心地よく学習に向かうことができるようになります。学ぶ体制を整えるために，授業の学習は楽しいという気持ちになる内容や展開を工夫することも大事です。せっかく鉛筆を置いて話を聞く姿勢で待っているのに，退屈な話しか聞けなかったら，子どもはすぐに「飽き」てしまうのです。「飽き」させない授業を行うことが一番大事な担任の使命なのです。

3 対人面

　対人関係においても，「慣れ」から「荒れ」へ進むという図式が当てはまります。だんだんと学級の友だちの性格や考え方がわかってくるので，気弱そうな子に強く当たったり，力の強そうな子の言いなりになったりする様子が見られるようになります。そういう些細な言動を見逃すと，それがまかり通ってしまい，「慣れ」となってしまうのです。けんかやトラブルが頻繁に起きるのもこのころです。また，孤立している子，集団になじめない子も出てきます。グループ活動や話し合い活動がうまくできない場合は，「荒れ」を疑っていかなければなりません。

　特に，授業中に友だちの失敗や間違って答えたときなどに，揚げ足を取ったり野次を飛ばしたりする行為は，すぐさま担任が戒めなくてはなりません。先生は見逃さないのだということを，全体に知らしめるよい機会になります。また，担任は，気弱そうな子や，孤立している子，集団になじめない子などにやさしく声かけをして，一人ひとりを大切にすることが大事です。そういう担任の姿を見せることで，学級全体も同じ気持ちをもつことができます。担任の態度が，教室では大切な1つの環境であることは間違いありません。

（藤木美智代）

11月

子どもが熱中する授業ネタ

国語

みんなでポーズを合わせよう！

1 授業の課題

> 　図のポーズを，言葉だけでみんなに伝えて，列でできるようにしましょう。

2 授業のねらい

　ペアやグループで，話し合いを通して楽しく取り組みながら，動きの説明を言葉で説明できるようになる。

3 授業展開

①問題を１人が列のみんなに教えることを確認する

　全員後ろを向かせてから，列の一番前の子どもを黒板の前に集めます。

　黒板に掲示したポーズをしている絵をその子に見せて，動きをつけずに言葉だけで説明することを伝えます。絵を裏返して，その子のまわりに列の子どもを集めて，伝えさせます。

Ｔ　今から，「みんなでポーズを合わせようゲーム」をします。先生が黒板にポーズの絵を貼ります。そのポーズをみんなができれば成功です。

②一番前の子どもがポーズを伝える

　列の一番前の子どものまわりにその列の他の子どもたちを集め，時間を決めてポーズを伝えさせます。できるだけ，手で動きを伝えずに言葉だけで伝えさせるようにしましょう。

T　一番前の人のところに集まって，どんなポーズか聞いてみましょう。質問もしていいですよ。
C　右手を顔のところに持っていくよ。（伝える人）
C　顔のどこ？　左手はどうするの？（聞く人）
C　ほっぺのところだよ。左手も同じ。（伝える人）
C　わかった！　みんなもできそう？（聞く人）

③みんなで一緒にポーズをする

　時間になったら，自分の席にすわらせて，「せーの」で一緒にポーズをします。できた人にみんなで拍手をしましょう。

④他のお題でまたやってみる
T　みんなできたかな？
C　簡単です。またやりたいです。
T　じゃあ，今度は，前から1人ずつ伝えていっても大丈夫かな？
C　できます！
T　できるかな？　やってみましょう。

　実態に応じて，レベルを変えながら挑戦させましょう。多少動きが出ても見逃してあげることがコツです。

（比江嶋　哲）

すべての答えが
つくれるのかな？

1 授業の課題

> ①②③④の数カードがあります。
> 4つの数カードをたしたり，ひいたりして計算しましょう。

2 授業のねらい

3つ以上の数の計算をしながら，できる答えの決まりを見いだす。

3 授業展開

①ルールを確認し，一番大きい答えを求める

課題提示後，代表の子に1つ黒板で式をつくらせ，ルールを確認します。その後，一番大きい答えを確認し，それより小さい解を探すという課題を明確にしていきます。

T だれかこのカードで1つ式をつくってくれるかな？
C $4-2+3-1=4$
T このように同じカードは二度使えず，4枚すべてのカードを使います。
T では，一番答えが大きくなるとき，どんな式になるかな？
C そんなの簡単。すべてたし算にすればいいよ。

C　$\boxed{1}+\boxed{2}+\boxed{3}+\boxed{4}=10$

C　並べ替えると$\boxed{4}+\boxed{2}+\boxed{3}+\boxed{1}=10$など，たくさん式ができるね。

T　今回は答えが同じものは，とりあえず１つとしておくね。

②色々な式をつくって答えを見つけ，決まりを見いだす。

　答えが最大になるもの以外を試行錯誤しながら見つけさせます。見つけた
答えを全体で共有する中で，偶数しかできない決まりに気づかせます。

T　答えが10以外のものもできるの？

C　ひき算も使えば，他にもたくさんできるよ。

　（試行錯誤する時間を取って，発表させる）

C　あれ？　０から２とびの数になっている。

C　１，３，５，７，９は，できないね…。１個と
　ばしでしかつくれないんだ。

$\boxed{2}-\boxed{1}+\boxed{3}-\boxed{4}=0$
$\boxed{3}+\boxed{1}+\boxed{2}-\boxed{4}=2$
$\boxed{4}+\boxed{1}+\boxed{2}-\boxed{3}=4$
$\boxed{4}+\boxed{1}+\boxed{3}-\boxed{2}=6$
$\boxed{4}+\boxed{3}-\boxed{1}+\boxed{2}=8$

11
月

③問題を発展させる

　問題を自由に発展させ，答えがどのように変化するのかを愉しみます。完
全に解決せずに授業を終えることで，家庭で条件を変えて追究をする子も出
てきます。そういった姿は学級通信などで紹介し，価値づけましょう。

T　１，３，５，７，９を，つくるにはどうしたらいいかな？

C　$\boxed{5}$のカードを加えたらいいんじゃないの？

C　だったら，カードを減らしてもいいかもしれないね。

C　カードを変えて$\boxed{2}$ $\boxed{3}$ $\boxed{4}$ $\boxed{5}$の４枚にするというのもありだね。

T　じゃあ，自分の好きな条件で試してみよう。

C　あれ，また０，２，４，６，…しかできなかった。

C　え？　私は，１，３，５，７，９…だけしかできないよ。

（前田　健太）

12月の
学級経営の
ポイント

1 行事の結果だけでなく 過程を重視する

　冬の時期に行われる体育的行事として，「マラソン大会」や「縄跳び記録会」等があげられます。これらはややもすると結果だけがクローズアップされ，それまでのがんばりや成長に目がいかないことがあります。

　マラソン大会にしても縄跳び記録会にしても，大切なのは「目標に向かってどういうふうに取り組んだか」「それまでの自分と比べてどれだけ力が伸びたか」ということです。それを意識させるために，下記のような手立てや声かけを取り入れましょう。

【マラソン大会】

・「マラソンがんばりカード」を作成し，走った周数やタイムを記録していく。

・大会が終わった後に全員に記録証を渡してどれだけ走ったか，どれだけタイムが伸びたかを明記し，がんばりや努力を認める。

【縄跳び記録会】

・上記の手立てと同じく，がんばりカードや記録証の手立てを行う。

・跳べるようになった技をみんなの前で披露する機会を設ける。

2 「1行日記」や「あのね帳」に チャレンジする

　入学したときはひらがなを書くのもたどたどしかった1年生も，この時期になると漢字や文法の学習がかなり進んできます。

　そこで，書くことに慣れさせることと，子ども一人ひとりの思いを知ることをねらいにして，「1行日記」や「あのね帳」にチャレンジしてみるのもよいでしょう。

【1行日記】

・連絡帳を書く際，最後の1行に「その日の感想」を書く。「きょうのきゅうしょく，おいしかったよ」「こくごのかんじをがんばったよ」といった感じです。

・連絡帳を書いて持ってきた際に，書いた内容についてその子と話をする。

【あのね帳】

・マス目のノートに，「せんせい，あのね」から始まる文章を書く。「せんせい，あのね，きのうのやすみじかんにみんなでおにごっこをしたよ。たのしかったよ」といった感じです。

・書いてきたあのね帳に〇をつけ，返事を書く（または書いた内容について話をする）。

3 保護者との個人面談では
これまでの成長を具体的に伝える

　夏休み前と同じく，冬休み前のこの時期も保護者との個人面談が開かれることが多いと思います。7月と同じく，「話をしてよかった」と保護者に思ってもらえるように，しっかりと準備をして臨みます。特に，7月からこれまでの子どもの成長やがんばりを具体的に伝えましょう。「7月のころは〜な姿が見られたので（それまでの姿），〜を目標に取り組んできたら（目標設定），今は〜できるようになりました（成長した姿）」といった感じです。また，2年生に進級するにあたり，保護者に心配なことや不安も聞いておくと，1月からのその子への対応の参考になります。

4 自分たちで考えて行動できるように
サポートを続ける

　11月を乗り越え，いよいよ蕾が開き，花が咲きます。クラス全体としても子ども一人ひとりとしても，これまでの経験を生かして自分たちで考えて行動する姿が見られることでしょう。そしてその姿を認めたりほめたりすることで，さらに花は咲き誇っていきます。

　なかなかうまくいかず，学級の雰囲気に不安を抱えている場合は，引き続き子どもの実態を把握し，必要な手入れを続けていきましょう。子どもたちの学校生活はこれからも続きます。今後の成長を信じて，手入れを続けていくことが何よりも大切です。

（浅野　英樹）

12月

157

2学期の振り返り

1　学級づくり

　1年生の1学期の最大の目標が「学級が子どもたちにとっての安心できる居場所となること」であれば，2学期の目標は，そういった安心できる環境の中で「自己発揮し，できることを増やしていくこと」だと考えます。

　視点としては，「関係性を多様化していくこと」「関係性を深めていくこと」です。その子自身の成長も考えつつ，友だち関係や教職員との関係を広げ，深めていけるとよいでしょう。また，それは人間関係だけでなく，持ち物や場所など様々な対象との関わりについても同様のことが言えます。

　以上を踏まえて，子どもや教師自身の姿で2学期を振り返ってみましょう。

□トラブルが起こったら，自分たちで話し合って解決できているか。
□クラス用ポストや掃除用具場所など，自分と関係のあるものの場所を
　把握しているか。
□全員が朝や帰りの支度を5分以内で終えられているか。
□日直や当番のしくみと意義を理解し，進んで取り組んでいるか。
□困ったことがあれば，担任や周囲の先生に SOS が出せているか。
□お道具箱やロッカーの中の自分の持ち物を整理，管理できているか。
　（紛失したら担任に申し出る。使い終えたら持って帰る，など）
□全員が体育服や白衣への着替えを5分以内で終えられているか。
□手洗いや気温に応じた衣服の着脱など，体調や健康を意識しているか。
□登下校の決まりを理解し，安全に下校することができているか。

2 授業づくり

　2学期も1学期と大切にすべきことは変わりません。華やかだったり，目を引いたりすることではないかもしれませんが，地道にそして継続的に指導することで，最初と比べると驚くほど，学級が鍛え上げられていきます。だからこそ，大事なのは継続的に指導しながら質を高めていくことです。一番わかりやすいのは時間や量の積み重ねです。他にも学習内容の質的な高まりもあります。それぞれの教科の目標に沿って振り返ってみましょう。

　以上を踏まえて，具体的な子どもの姿や教師としての自分自身の姿で2学期を振り返ってみましょう。

□子どもたちの目が学ぶ喜びで輝いているか。
□教師が指示してから4秒以内に子どもたちが行動に移しているか。
□全員が教師や友だちの話を聴くことができているか。
□全員が音読をスラスラ，ハキハキできるようになっているか。
□繰り上がりのあるたし算や繰り下がりのあるひき算のしくみを理解し，確実に計算できるようになっているか。
□全員が丁寧に書くことの大切さを意識し取り組むことができているか。
□全体で話し合うときに相手を意識した言葉が使えているか。
　（あの〜，〜とつながって，〜と同じで，〜でしょ　など）

（安藤　浩太）

学級イベント
指導ポイント＆
活動アイデア

1　指導ポイント

☑「イベントは自分たちでつくるもの」ということを強く意識させる

> イベントはあくまで自分たちでつくるもの。最初にこのことをはっきりと伝え，強く意識させることが大切。

☑ 保育所・幼稚園の経験を基にイベントの内容を考えさせる

> ほとんどの子が，保育所や幼稚園で様々なイベントを経験している。その経験を生かし，自分たちでイベントを企画させる。

☑ 係を組織する

> 司会係，あいさつ係，あそび（ゲーム）係，音楽係，飾り係など，様々な係を組織して，全員で必要な準備を行わせる。

☑ 幼児や保護者，地域の方を招待する

> 幼児や保護者，地域の方を招待するイベントも１つの方法。「だれかを喜ばせる」という目標があれば意欲は一層高まる。

☑ 会の最後は教師からのご褒美で締め括る

> がんばった子どもたちをしっかりとほめて会を締め括り，達成感や満足感を味わわせる。内緒のご褒美も効果的。

2 活動アイデア

①保育所・幼稚園の経験を生かしてイベントを企画させる

　1年生を対象に行うイベントといえば，教師がすべてを企画し，教師主導で行われる会を想起される方が多いと思います。ですが，1年生でも十分に自分たちでイベントを企画することは可能です。なぜなら，ほとんどすべての子が，保育所や幼稚園で，こうした会を経験しているからです。

　まずは12月になったころ，「もうすぐ1年が終わるね」「クリスマスがやってくるね」「何か楽しいことがしたいなぁ」とつぶやいてみましょう。子どもたちは，保育所・幼稚園の経験から，「お楽しみ会をしたい」「クリスマス会がしたい」と反応するはずです。そこでまず，「みんなが小学校に来る前は，どんなことをしたの？」と経験を語らせることから始めます。多くの場合，それぞれが別の保育所・幼稚園にいたことから，「ぼくたちはみんなでケーキをつくった」「私たちはお部屋をみんなで飾った」など，いろいろな体験談が出てきます。その中から，「では今年はみんなで何をしたい？」と，イベントの内容を決めていきます。以下，話し合いの板書例を示します。

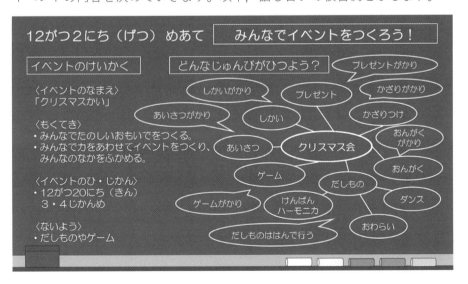

②係で分担して準備を進める

　１年生の場合は，「みんなの仕事」と「それぞれの係の仕事」の２つに分けて準備を行わせる方がよいと思います。例えば，以下のような仕事です。

> 【みんなの仕事】
> ・折り紙で飾りをつくって教室を飾る
> ・黒板にみんなが楽しくなるような絵をかく
> ・お楽しみ会で食べるクッキーをつくる
> 【それぞれの係の仕事】
> ・司会係（お楽しみ会の司会）
> ・あいさつ係（会の最初と最後にあいさつを述べる）
> ・クイズ係（クイズをつくってみんなを楽しませる）
> ・あそび（ゲーム）係（あそびの進行を行う）
> ・出し物係（歌，踊り，劇，ダンスなど。子どものアイデアに委ねる）
> ・プレゼント係（折り紙など，みんなへのプレゼントをつくる）　　など

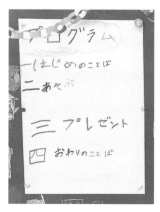

自分たちの立てた計画に沿ってあそび（ゲーム）を進める子どもたち

③幼児や保護者，地域の方を招待して行う

　自分たちのみで楽しむイベントもよいですが，幼児や保護者，地域の方を
お招きして行うイベントもおすすめです。特に１年生は，生活科で，家庭生
活に関わる活動や地域に関わる活動などがあります。また，自然のものを利
用したりあそびに使うものをつくったりする活動もあります。この生活科の
学習活動と関連させながら，イベントを仕組むことも１つの方法です。以下
は，生活科と関連させたイベントのアイデア例です。

【生活科と関連させたイベントの例】

・地域の来年度入学予定の幼児を招待してパーティーを開く。学校を案
　内するとともに，教室でゲームやクイズをして楽しむ。

・自分たちが育てたさつまいもを利用して，「おいもパーティー」を開
　く。できあがった料理を保護者にふるまう。

・お世話になっている地域の方を招待し，一緒に昔あそびをしたり感謝
　の気持ちを伝えたりする。

　なお，１年生でこうしたイベントを成功させるためには，子どもたちが自
発的に動きたくなるような環境を整えること，そしてしっかりと準備・練習
の時間を設けることが大切です。

　例えば，折り紙や紙テープなど，飾りに使えそうな材料を用意しておくこ
とはもちろん，イベントの参考になりそうな本（飾りづくりの本，お菓子づ
くりの本など）をさりげなく教室に置いておきます。また，司会やあいさつ，
ゲームの進行なども，子どもたちと一緒に原稿を考え，繰り返し練習に取り
組ませます。その際は，準備や練習をがんばっていること，うまくできたこ
となどをしっかりとほめ，意欲を継続させていきます。会が終わった後は，
「みんなで力を合わせたからすごく楽しい会になったね。ありがとう」と伝
え，達成感や満足感を一人ひとりがしっかりと味わえるようにします。

（有松　浩司）

2学期の通知表文例

●休み時間に元気いっぱい遊ぶ子ども

> 　休み時間になると，一目散に運動場へ行き，思いっきり遊びました。息を切らしながら帰ってくる姿はとても清々しいです。

　通知表では，明るく元気に過ごせていることを伝えます。懇談ではだれとどのように遊んでいるのか，詳しく説明できるといいですね。

●自分の気持ちを伝えるときになかなか言葉が出てこない子ども

> 　自分の気持ちを相手に伝えるときに，うまく伝えられないことがありました。ゆっくり気持ちを整理して，慎重に言葉を選ぼうとしているので，○○さんのペースで大丈夫です。

　「なかなか言葉が出てこない」ということをリフレーミング（捉えの転換）して，「慎重に言葉を選んでいる」と伝えています。

●文を書くことが得意な子ども

> 　作文を書いたり，学習のまとめを書いたりするときは，主語述語を意識した文章を書くことができました。作文に意欲的に取り組む姿が見られ，感心しました。

　国語の評定と関連させ，具体的な場面を取り上げて記述しましょう。

●言いたいことを言い，人の話が聞けない子ども

　　自分の思いが強く，友だちの話を聞けないときがありました。よく話を聞いて，友だちのよさや，自分との違いを見つけられると，もっと仲よくなるチャンスになるでしょう。

　協調性に関する内容です。お互いを尊重し合うことで，よりよい関係に近づけることを伝えます。

●学級会で活躍した子ども

　　「クリスマス会でしたいあそび」について話し合ったときに，友だちの意見もよく聞いたうえで，みんなが楽しめるあそびを提案しました。友だちの意見を尊重できるのはすばらしいことです。

　みんなのために考えるという姿勢が育っていることを伝えます。このことは，学級会でなくても，教科の授業の所見としても使えます。

●練習してダンスが踊れるようになった子ども

　　体育の「リズムあそび」では，「○○」の曲に合わせて踊りました。はじめは，小さな動きになっていましたが，一つひとつの動きを確認しながら練習することで，最後には胸を張って踊れるようになりました。諦めずに最後までやりきった○○さんはすごいです。

　秋の運動会に合わせて「リズムあそび」を学習する学校も多いと思います。個人の中での成長を時系列で伝え，称えます。

●友だちと協力して水やり係をした子ども

> 水やり係で，毎日野菜に水をあげました。友だちと曜日ごとに分担を決めて，忘れないように声をかけ合いました。水をやりながら，「大きく育ってね」と，野菜と話している姿が微笑ましかったです。

何人かで同じ係をしている場合，個人のがんばりだけでなく，グループでどのような工夫をしたのかも伝えられるといいですね。

●友だちに優しく声かけできる子ども

> 友だちが困っていると，「どうしたん」「手伝おうか」と積極的に声をかけたり，そっと手を差しのべたりしました。とても思いやりのある○○さんは，みんなからも慕われています。

優しい声かけや行動によって，まわりからの評価が高いことを伝えます。行動の記録と一致させましょう。

●計算ミスの多い子ども

> 算数の学習では，たし算とひき算を混同してしまったり，「0」と「6」，「1」と「7」を書き間違えたりと，うっかりミスがありました。答えが出た後に見直すことを習慣にすると，○○さんの本来の力が発揮できるはずです。

未来に向けて励ましの言葉を伝えます。懇談では，実際のノートやプリントを見せながら現状を伝えられるとよいでしょう。

●漢字に興味がある子ども

> はじめて習う漢字に興味津々で，覚えた漢字を積極的に使う姿が見られました。図書室で借りた本に出てくる難しい漢字の読み方を尋ねにくる姿に，意欲と自信を感じます。

1年生の2学期から漢字の学習が始まります。新しいことに目をキラキラさせている姿を見逃さないようにしましょう。

●作業が遅れ気味な子ども

> 何事にも丁寧に取り組もうという気持ちがあります。しかし，ノートを出す，のりで貼るなどの作業に時間がかかってしまい，次のことに移るのに時間がかかってしまいました。丁寧さにスピードがプラスされると，さらによいと思います。

時間がかかるということを，丁寧にしていると言い換えましょう。

●マラソン大会をがんばった子ども

> マラソン大会では「最後まで歩かない」というめあてをたてて，毎日練習に取り組みました。本番では，たくさんの声援もあり，見事，めあてを達成することができました。

自分でめあてをたてた活動は，それに向かってどのように取り組んだか，その結果どうだったのかを伝えます。

（田中　直毅）

1月の学級経営のポイント

1 給食と掃除のレベルアップを目指す

今年度も残り3か月となりました。給食と掃除に取り組む様子はいかがでしょうか。日々行われる給食と掃除に取り組む様子は，クラスの成長を計る1つのバロメーターになります。子どもと相談し，2年生に向けてさらにひと回り成長することを目指して，給食と掃除のレベルアップを図っていきましょう。

【給食】

・「配膳タイム検定」「きれいに盛りつけ検定」「ぴかぴか片づけ検定」など，様々な検定を設定してチャレンジする。

・グループごとに「がんばりカード」を作成し，給食当番の目標の設定と振り返りを行う。

・「給食当番が盛りつけを行い，それ以外の子が配りを行う」という「クラス全員で協力して配膳を行うシステム」を実施する。

【掃除】

・しゃべらずに掃除をする「黙働」にチャレンジし，できたかどうか振り返りを行う。

・グループごとに「がんばりカード」を作成し，掃除の目標設定と振り返りを行う。

2 新年のアクティビティで初日を楽しく過ごす

新年になって最初の登校日。冬休みが終わり，子どもが登校してきます。最初の1日をクラスで楽しく過ごすことで，「よし，今日からまたがんばろう」という気持になります。そのために，子どもが楽しく取り組める新年のアクティビティを行いましょう。

【ミニ書き初め】

白紙のプリントを1枚渡し，名前ペンで「冬休みの思い出」を書いてもらいます。「おばあちゃんのいえにいった」「おもちをたべた」などです。全員が書けたら教室を自由に歩いてペアをつくり，書き初めのようにお互いに見せ合いながら説明します。

【先生おみくじ】

クラスの人数分，おみくじを用意します。おみくじには，「ことしもよろしくね」「みんなでたのしくすごそう」というメッセージとともに，「大吉」または「超大吉」と書いておきます（超大吉は数枚のみ）。超大吉を引いた子には，「優先して給食のおかわりができる」「クラスあそびを1回決められる」といった特典を考えておくとよいでしょう。

3　残り3か月の見通しをもつ

　「1月は行く。2月は逃げる。3月は去る」という言葉を聞いたことがあると思います。この言葉の通り、1月から3月は登校日数が少なく、あっという間に終わりを迎えてしまいます。しかし、1月から3月には、1年間の締め括りとなる大きな行事もあり、2年生に向けてもうひとまわり成長するチャンスです。ただなんとなく過ごして「あ、終わってしまった」となるのではもったいないです。

　まずは教師が1月から3月の行事や授業などを把握し、見通しをもつことが大切です。そのうえで、子どもと一緒に目標をもち、一つひとつのことに取り組んでいきましょう。

4　来年度に向けて改めて基礎・基本の定着を図る

　残り3か月となったこの時期、だんだんと1年間のゴールが近づいてくるのを感じます。

　クラスとしても、来年度に向けての実をつける時期です。入学してこれまでに学んだ生活面や学習面の基礎・基本をしっかりと身につけて2年生に進級できるよう、手入れ（指導・支援）を続けていきます。ゴールから現状を見て、「あれもこれもできていない」と焦って強引な手入れを行うと、これまでに築いた子どもとの信頼関係を損ねてしまいます。できるようになったことをほめ、認めることが基本であることに変わりはありません。

（浅野　英樹）

1月

3学期はじめの
チェックポイント

生活面	□元気なあいさつや返事ができていない
	□1日の生活習慣を忘れてしまっている
	□ものの管理，整理整頓ができていない
	□自分のことが自分でできない
	□一生懸命に取り組めていないことがある
	□進んで当番や係の仕事に取り組もうとしない
	□まもなく2年生になるという自覚が薄い
学習面	□時間や期限を守ろうとしていない
	□45分間集中して授業に参加できない
	□友だちや先生の話をよく聞いていない
	□進んで自分の意見や考えを発表しない
	□ノートに丁寧な文字で書いていない
	□進んで話し合い活動に参加しない
	□友だちと教え合い，学び合いができない
対人面	□友だちと仲よく遊ばない
	□友だちとのあいさつや会話が少ない
	□困っている子を助けてあげられない
	□困ったときに助けを求められない
	□クラスの一員であるという自覚が薄い
	□みんなのためになる行動ができない
	□友だちのよいところを認めようとしていない

1 生活面

　年が明けるということだけで，新しくがんばろうという気持ちになります。この節目に心機一転を図ることが大切です。１年の計というより，修了式までの３か月間にがんばりたいことを考えさせる機会にしましょう。

　返事やあいさつ，基本的な生活習慣から身の回りのこと，やるべきこと，がんばれていないことなどを総ざらいし，２年生へ向けての心構えをしっかりもたせたいものです。ただし，「そんなことでは２年生になれません」などと脅迫めいた言葉かけは NG。ポジティブな言葉かけを心がけましょう。

2 学習面

　担任としては，次の学年に上げる前に今年度の学習をすべて身につけさせたいと躍起になる時期です。教科書は終わらせなくてはいけないし，購入した副教材もやらずに終わらせるわけにはいきません。

　声高に「やりなさい」と言っても急にはできるようになりません。ゲーム感覚にしたり，シールや賞状を用意してご褒美制にしたりと，子どもたちが楽しく総まとめに取り組めるように工夫しましょう。その中で学習のルールを見直し，丁寧に粘り強くがんばる力と積極性を身につけさせたいものです。

3 対人面

　10か月間，ともに過ごしたクラスの仲間。気心も知れて，助け合ったり，励まし合ったり，ときにはわがままを言うこともできるようになっています。

　残された２か月は，「いいクラスだったな」という思いが残るよう，お互いのよさを認め合える取り組みを考えましょう。そして３月には，別れを惜しみつつも気持ちよく解散できるようにしたいものです。

（藤木美智代）

係・当番活動
レベルアップ作戦

1　1つの係を会社と見立てて「カンパニー」とする

　「自主性を育てる」「自主性を大切にする」という考えのもと，1つの係を会社と見立てて『○○カンパニー』とします。その係を考えた人は社長で，一緒に活動する人は社員となります。

　導入時は，1年生には少し難しい内容かもしれないと思いましたが，説明すると「会社」「社長」という言葉はすぐに理解できました。「社員」＝仲間だという話もしました。その他にも，「『社長』は1人でもなれる」「会社（カンパニー）はいくつでもつくっていいよ」という話には反応がよく，驚きの声をあげながらもとても喜んで取り組んでくれます。

　「カンパニー何つくろうかな！」「一緒にやろう！」「ぼくは社長になるぞ！」と，子どもたちの期待が高まり，1年生ながらまるでキャリア教育の先駆けのような係活動を始めることができます。

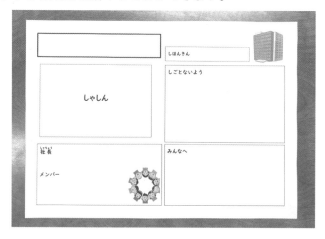

2　人数や所属の制限をなくし，自由に行う

　よく行われる係活動は学期を通して行うことが多いので，大体の子どもたちは１つの係にのみ入っていることが多いでしょう。それと比べると，私の学級で行う係（カンパニー）は①いくつつくってもいい②いろんなカンパニーに属していい，という特徴があります。なので，１人でいくつもカンパニーをつくって活動する子もいますし，社長としてカンパニーをつくらなくても，いくつものカンパニーに属している子もいます。

　そして，カンパニーが立ち上がると必ず写真を撮り，背面黒板に掲示します。背面黒板はすべて子どもたちのために開放して，メンバー募集やお知らせなどを書けるようにし，常に活発に動くようにします。子どもたちも仲のよい子が固定化されるわけではなく，自分が興味をもった活動に，それぞれでいろんなメンバーと集まって交流をもつことができるので，自然と仲が深まり，友だちの輪が広がります。

　参観日にはこの背面黒板にたくさんの保護者が集まります。１年生の保護者は友だちができるかを特に心配されている方が多いため，この方式を取ることで友だちが固定化されることなく，いろんな場所で楽しそうに写真に写る我が子を見て安心されるというのもよさの１つです。

3　1人での活動も認める

さきほどあげた，①いくつつくってもいい②いろんなカンパニーに属していい，という2つの他に③1人社長でもいい，という特徴もあります。そのため，複数人で集まって活動しているカンパニーだけでなく，1人で運営しているものも存在します。

例えば学級の中に，宇宙が好きだったり，電車が好きだったり，何か特別なものがものすごく好きな子がいたとします。従来の係活動では「宇宙」や「電車」などの係をつくろうと思っても賛同が得られず，係としてそもそも発足しない可能性が高いです。ですが，この方式であれば，自分が好きなものを思うがままにカンパニーとしてつくることができるので，好きに立ち上げてもいい，1人で活動してもいい，仲間を集めてもいいので，本当にいろんな種類のカンパニーができあがります。月が進むにつれて仲間が増えていく様子もとてもおもしろいですし，そこには1人がはずかしいという感覚はなく，いろんな個性を尊重し合う風土が生まれます。

4　学期終わりのお楽しみ会で出し物を開催する

　学期の終わりによく行われるお楽しみ会。ここでカンパニーごとに出し物を開催します。出し物をするしないも自主性に任せますが，みんなお楽しみ会はしたいので，喜んで何をするか考えます。また全員がどこかのカンパニーには所属しているので，必ず1人1回は前に出て出し物をすることになります。全員が楽しませる側も楽しむ側も経験できるというよさがあります。

　社長さんを中心に，企画・準備・進行を行うように準備を進めていきますが1年生でもかなり上手に会を進められるようになります。学期が進むにつれてレベルアップしていく様子がわかるので，成長を間近で感じることができます。またいろんなグループ同士で準備を進めるため学級に一体感も生まれます。

　カンパニー活動を行うと，子どもたち同士が自然に横のつながりを拡大させていくことができます。学期が進むごとに学級の仲もどんどん深まりを見せるおすすめの活動です。

（松下ゆか理）

2月の
学級経営の
ポイント

1 「6年生を送る会」の
意義を伝えめあてを設定する

　2月にある大きな学校行事といえば，「6年生を送る会」でしょう。1年生は，入学してからこれまで，掃除や給食のヘルプをはじめ，仲良し交流などで6年生にとてもお世話になってきたことと思います。子どもに「6年生を送る会」の意義を説明し，感謝の気持ちを伝えることをめあてにして出し物に取り組みましょう。

【6年生クイズ】
　6年生にちなんだクイズを作成し，6年生に答えてもらいます。お世話になった1年生だからこそ知っているエピソードをクイズにするとよいですね。

【6年生との思い出の寸劇】
　6年生との出会い，給食や掃除の仕方を優しく教えてくれた場面，一緒に遊んでくれた場面などを簡単な寸劇にして表現します。

【替え歌】
　「思い出のアルバム」「だれにだっておたんじょうび」などの曲の替え歌を作成し，6年生に向けて披露します。曲の合間に呼びかけを入れるとより思いが伝わります。

2 「できるようになったよ！発表会」で
保護者に成長を見せる

　2月には，最後の授業参観を行う学校が多いと思います。1年生の最後の授業参観を，この1年間の成長を保護者に伝える機会にしてみてはいかがでしょうか。その名も，「できるようになったよ！発表会」です。

・縄跳び・計算・漢字・鍵盤ハーモニカ・ダンス・音読・絵・歌など，この1年間で自分ができるようになったこと・成長したことを保護者の前で発表する。

・「はじまりのあいさつ→発表→終わりのあいさつ」という流れで行う。

・1人で行っても，友だちと一緒に行ってもよい。1時間で全員の発表が終わるように，練習段階から教師が時間調整を行う。

・発表がすべて終わったら，全員で歌を歌ったり，保護者にメッセージを伝えたりすると，より気持ちが伝わる。

　私は1年生を担任したらいつもこの会をしていますが，保護者にとても好評です。中には涙を流す保護者も…。準備に時間はかかりますが，ぜひチャレンジしてみてください。

3 冬の寒さに負けず
1日1回は体を動かす時間を設ける

　この時期は，1年間の中で最も寒い時期です。暖かい教室でのんびりゆっくり…となりがちですが，1日1回は外や体育館で体を動かすよう心がけましょう。体を動かすと，「幸せホルモン」であるセロトニンやドーパミンが分泌されると言われています。体育の授業はもちろんのこと，休み時間に鬼ごっこやボールあそびなどを行い，冬の寒さに負けないように元気に過ごしましょう。

　また，雪が積もったときは着替えを用意し，雪で遊べるとよいですね。私も自分が小学生のころ，雪が積もったときに運動場で遊んだことを今でもよく覚えています。

4 できることを当たり前と思わず
認める姿勢を忘れない

　「6年生を送る会」や「最後の授業参観」などの学校行事に向けて，目標をもって取り組む中で，この1年間の子どもの確かな成長を感じることでしょう。

　来年度につながる種（生活面と学習面における基礎・基本）が，確かにできてきています。それらの種を「当たり前のこと」と思わず，「元気に登校してきたこと」「朝と帰りの用意が1人でできること」「給食や掃除が自分たちでできること」など，一つひとつを改めて価値づけし，2年生につなげていってください。

（浅野　英樹）

2月

６年生を送る会
指導のポイント

1　「６年生を送る会」の意味を丁寧に説明する

　どんなことでも一生懸命に取り組むことができる１年生。はじめての卒業生を送る会にもきっと全力で取り組んでくれることでしょう。

　そんな１年生らしさが表れるような出し物を考えればきっと喜んでもらえるはずです。ただ，本来の目的は１年生に感謝の気持ちをもたせること。６年生を送る会という行事があるからと台本をただ読ませるだけではなく，一人ひとりの感謝の気持ちを高めることが大切です。

　そこで，まずはこの６年生を送る会について丁寧に説明します。「６年生のお兄さん，お姉さんはもうすぐこの○○小学校を卒業します。卒業すると次は中学校に進むので，もうこの○○小学校には通いません。今までみたいに毎日会うことができるのも，あと少しです。だから，お兄さん，お姉さんにありがとうの気持ちを伝えられるように，１年生から５年生で６年生を送る会を開きます」。私たちにとっては当たり前のように行われるこの行事でも，１年生にとってははじめての経験です。なんのために開かれる，どんな会なのかをきちんと伝えておきたいところです。

2　一人ひとりに６年生との関わりを想起させる

　また一人ひとりに６年生との関わりを想起させることも大切です。例えば「もうすぐ中学校に行ってしまう６年生に，どんなありがとうを伝えたいですか？」と問いかけ，書く活動をすることが考えられます。それを６年生に見せたり，渡したりできたらすてきですし，「みんなが書いたことを読んで，

どんな出し物にするか考えるね」というだけでも一緒につくり上げている感じがします。何より、一人ひとりが「ありがとう」という気持ちをもって送る会に臨むことができようになるでしょう。

3 定番の「ランドセルメッセージ」を行う

1年生の送る会といえば、やはり頭に浮かぶのはランドセルメッセージです。これはもう「定番」と呼べるのかもしれません。まず、何人かの子にランドセルと黄色い帽子を被って登場してもらいます。この時、ランドセルの留め金を開けておきます。そのまま、6年生にメッセージを伝えた後、ありがとうございましたと言って頭を下げると、下図のようにバタンとランドセルの蓋が前に飛び出し、そこにメッセージが浮かび上がるというしくみです。

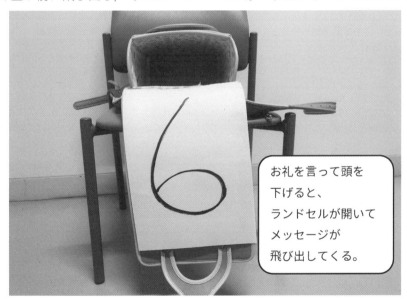

お礼を言って頭を
下げると、
ランドセルが開いて
メッセージが
飛び出してくる。

何回見ても思わず笑ってしまうサプライズ。定番には定番になるだけの理由があるのかもしれません。

(佐橋　慶彦)

3月の
学級経営の
ポイント

1 最後の思い出を
みんなでつくり上げる

いよいよ3月。入学式から始まった1年間も終わりを迎えます。「終わりよければすべてよし」という言葉がありますが，最後に様々な思い出づくりをして，子どもにとってよい形でこの1年間を締め括りましょう。

【クラス文集】

子ども一人ひとりに「1年間の思い出」をテーマに作文を書いてもらい，綴じ合わせて文集をつくります。作文ではなく，「名前」「好きな給食」「好きなあそび」などの様々な項目を記入するプロフィール帳のような形にしてもよいでしょう。一生思い出に残る記念の文集になります。

【1年間ありがとう会】

最後の思い出づくりとして，「1年間ありがとう会」を開きます。子どもにどんな会を行うか話し合い，「司会」「あそび担当」「歌担当」「飾りつけ担当」など，一人ひとりに役割を与え，みんなでつくり上げます。教師はこの1年間の写真や動画を「思い出のスライドショー」にまとめ，子どもに見せるとよいでしょう。

2 学習の締め括りと
卒業式のイメージをする

3月は，学習の締め括りの時期です。すべての学習内容が終了したら，残った期間は1年間の復習にあてましょう。2年生に進級する前にしっかりと身につけておきたいのは，国語のひらがな・カタカナ・漢字と，算数のたし算・ひき算です。

クラスの子ども一人ひとりの実態を把握し，様々な実態の子どもに対応できるように，国語も算数も多くの種類のプリントを用意します。自分の力でできる子はどんどん取り組ませます（答えを黒板に貼っておき，自分で丸つけをさせるとよいでしょう）。苦手意識をもっている子には，教師や友だちが個別指導を行い，定着を図ります。

学校行事としては，3月はなんといっても卒業式です。1年生は人数の関係で出席しないかもしれませんが，この1年間，6年生には掃除や給食などでとてもお世話になったことと思います。卒業式とはどのような式なのかを子どもに説明し，「手紙を渡す」「メッセージを伝える」など，1年生にできる形で6年生の卒業をお祝いしましょう。

3 保護者に1年間の感謝を 伝える

　4月に「保護者は子どもを『共』に『育』てる『共育』のパートナー」と記しました。1年間，日々の家庭学習への取組や学習用具の準備，運動会や校外学習の持ち物など，様々な場面で協力してもらったことと思います。最後に，この1年間の感謝の気持ちを保護者にしっかりと伝えます。学級だよりや連絡帳に感謝の言葉を載せるとよいでしょう。直接会う機会がある場合は，「1年間ありがとうございました。○○さん（保護者）のおかげで〜」と声をかけましょう。保護者と良好な関係を築いていくことが，子どもにも，ひいては学級経営にもよい影響を与えます。

4 これまでの成長を 子どもとともに確認する

　来年度につながる種（生活面と学習面における基礎・基本）を一つひとつ取り，どのような種ができたかを子どもと一緒に確認し，この1年間の成長をみんなで共有しましょう。

　例えば「この1年間で掃除の仕方を覚えて，掃除場所をきれいにすることができるようになったね」「朝来たら，みんなにあいさつをして教室に入ってきて，すぐに朝の支度を終わらせることができるようになったね」という感じです。「こうしたことは当たり前ではなく，とてもすばらしいことだよ。2年生になっても続けていってね」と伝えます。

（浅野　英樹）

1年かんのまとめをしよう　　こたえ

１年間の振り返り

1　学級づくり

　入学して間もない４月と比べると，心も体も大きく成長しているのが１年生の特徴です。実際にその成長を比べてみると，驚くことが多いと思います。

　特に，子どもたちの成長については，生活科の内容(9)「自分の成長」の単元で，１年生の１年間を振り返って成長を実感できるような活動が位置づけられています。

　１年間の思い出を「思い出すごろく」や「ランキング形式」などの活動で振り返りながら，自己の成長を実感し，「自分自身ががんばったから」「友だちや家族の支えがあったから」など，その要因についても考えていくとよいでしょう。

　また，同じく教師自身も，１年間の総仕上げとして，１・２学期に取り組んできたことに加えて，さらに視点を広げて振り返るとよいでしょう。

　そして，感傷に浸りつつも子どもたちに身についていることと身についていないことを整理する中で，「なぜ身についたのか／身につかなかったのか」という具体的理由を分析的に考えると，自身のスキルアップにもつながります。また，身についていないことは次年度の担任にも共有するとよいでしょう。

□担任は，子どもたちの友だち関係，そして友だち同士でどのようなあそびを行っているかを把握しているか。

□学校内の教室や施設・用具などの場所や，その借り方，利用の仕方を把握できているか。

□全員が朝や帰りの支度を5分以内で終えられ，忘れ物がないか。

□お道具箱やロッカーの中の自分の持ち物を整理，管理できているか。
　（紛失したら担任に申し出る。使い終えたら持って帰る，など）

□困ったことがあれば，担任や周囲の先生にSOSが出せているか。

□全員が体育服や白衣への着替えを5分以内で終えられているか。

□教室に落ちているものを進んで拾う子がいるか。
　（ごみだったら捨てる，落とし物だったら持ち主を探す）

□担任が協力を求めたらクラスの多くの子どもが手をあげるか。

□教師が指示をしなくても，授業準備ができているか。
　（次の時間や2時間後に体育があるから，中休みのうちに着替えておくなど）

□教室移動の際に20秒以内に廊下に並べているか。

□体育館や校庭での活動で，教師が指示したら10秒以内に全員が聞くための準備を終えているか。

□提出物の出し忘れがないか。
　（忘れた場合，教師に報告することができているか）

□クラスでトラブルが起こったら，自分たちで話し合って解決することができているか。

□登下校の決まりを理解し，一人でも安全に下校することができているか。

2 授業づくり

　入学してから大きく成長したのは，もちろん学習においても同じです。

　1年間の学習を通して身についたこと，身につきつつあること，さらに，身につかなかったことも含めて振り返ってみましょう。

　その際に，大きく次のような視点をもっておくとよいでしょう。

①学習者の育ちに関すること

　授業の中でどのような成長が見られたかについて観点を明確にして振り返りましょう。1年生では，学校での学習が魅力ある楽しいものになっていたかという点はもとより，それを支える基礎・基本となる力や教科・領域において道具化しておきたいスキルなどを意識し，それらがどの程度身についているか振り返るとよいでしょう。

②学習規律（学習のルール）に関すること

　まず教師が示したり，子どもたちとつくり上げたりした学習規律（学習のルール）の達成度合いを振り返りましょう。ただ漫然と振り返るのでなく，「クラスのどれぐらいが」といった割合や，「何分でできる」といった数値などの基準をもって振り返ることで，成果や課題がより明確になってきます。さらに，それらの有効性についても問い直してみましょう。

③指導技術・授業構成・教材に関すること

　余裕があれば，説明，指示，発問といった授業における指導技術の質や授業構成力，教材研究力などの観点も意識して振り返ってみましょう。

　以上の点を踏まえて，具体的な子どもの姿や教師自身の姿で1年間を振り返ってみましょう。次ページには上の3つの観点のうち，子どもの育ちや学習規律に関する具体的な項目を紹介します。

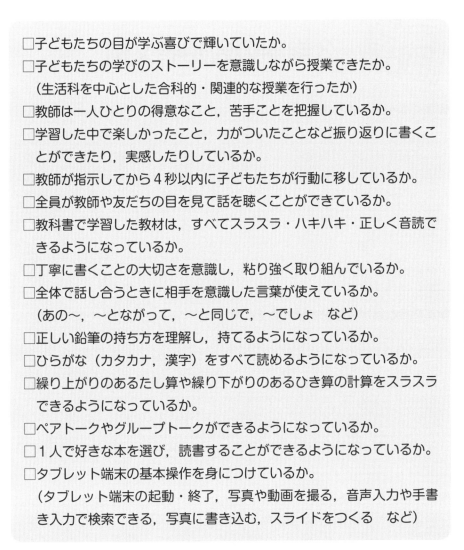

□子どもたちの目が学ぶ喜びで輝いていたか。

□子どもたちの学びのストーリーを意識しながら授業できたか。

　（生活科を中心とした合科的・関連的な授業を行ったか）

□教師は一人ひとりの得意なこと，苦手ことを把握しているか。

□学習した中で楽しかったこと，力がついたことなど振り返りに書くことができたり，実感したりしているか。

□教師が指示してから４秒以内に子どもたちが行動に移しているか。

□全員が教師や友だちの目を見て話を聴くことができているか。

□教科書で学習した教材は，すべてスラスラ・ハキハキ・正しく音読できるようになっているか。

□丁寧に書くことの大切さを意識し，粘り強く取り組んでいるか。

□全体で話し合うときに相手を意識した言葉が使えているか。

　（あの〜，〜とながって，〜と同じで，〜でしょ　など）

□正しい鉛筆の持ち方を理解し，持てるようになっているか。

□ひらがな（カタカナ，漢字）をすべて読めるようになっているか。

□繰り上がりのあるたし算や繰り下がりのあるひき算の計算をスラスラできるようになっているか。

□ペアトークやグループトークができるようになっているか。

□１人で好きな本を選び，読書することができるようになっているか。

□タブレット端末の基本操作を身につけているか。

　（タブレット端末の起動・終了，写真や動画を撮る，音声入力や手書き入力で検索できる，写真に書き込む，スライドをつくる　など）

3月

（安藤　浩太）

3学期の通知表文例

●よく本を読む子ども

> 毎日のように図書室に通い，１年間で100冊の本を読むことができました。普段の読書量が○○さんの語彙の多さにつながっています。

絵本以外にも，図鑑や小説など，多様な本を読んでいる子どもは難しい言葉を知っています。読書カードなどを見て，何冊読んだか確認しておきましょう。

●友だちと良好な関係を築ける子ども

> 友だちには，自分の正しいと思ったことをきちんと言い，譲るところは譲るといっためりはりのある姿勢で，良好な関係を築くことができました。

譲ることができる子どもは，まわりの友だちからも慕われています。

●指示が伝わりにくい子ども

> 先生の指示がわかりにくいときには，しっかりと確認することを心がけました。まわりを見て，○○さんなりのペースで行動できています。

指示の理解が難しい子には，１年間で様々な支援を行ってきています。ゆっくりでもまわりを見て，動けるようになってきたことを伝えます。

●積極的に先生のお手伝いをした子ども

> よく先生のお手伝いをしました。授業のはじめの教具運びは，毎回「私がやります」と言って，真っ先に手伝ってくれました。みんなのために動こうという気持ちが伝わるので，安心して任せられます。

先生の仕事をやりたがる子ども。みんなのための仕事を率先して行えることはすばらしいです。

●大きな声で歌う子ども

> 音楽の時間を楽しみにしています。いつも口を大きく開けて歌うことができます。聞いたことのない曲でも，すぐに歌詞を覚えて，リズムに乗って，楽しく歌うことができます。

音楽が好きな子どもは多いです。学習の項目（主体的に学習に取り組む態度）と一致していることが必要です。

●授業中に関係のない話をしてしまう子ども

> 授業中に，友だちと学習に関係のない話で盛り上がってしまうことがありました。集中して話が聞けるようになると，さらに学びは深まります。

授業中の私語について指導したことではなく，どうすればよりよい学習につながるのかを伝えます。

●順序立てた文章が書けた子ども

> 　国語の「昔遊びを説明しよう」では，あやとりで，ほうきのつくり方を詳しく説明する文章を書きました。「はじめに」や「つぎに」を適切に使うことで，順序立てた読みやすい文にすることができました。

　国語での学習内容を示した後に，どのようなことができるようになったのかを伝えます。

●正義感の強い子ども

> 　友だちのいけない言動に対しては，きちんと自分の意見を言い，注意する姿がみられました。だれに対しても平等に接することができるので，みんなからの信頼も厚いです。

　正義感が強く，よく注意する子ども。まわりの友だちからどう思われているか心配される保護者もおられます。平等に接していることで信頼されていることを伝えると，保護者も安心します。

●数学的な考え方が優れている子ども

> 　100までの数字の表を見て，数字の並びの規則性をいくつも見つけました。○○さんの表を縦や横に見る着眼点が，学級のみんなに新しい視点をもたらしました。

　数字の表から規則性を見つける学習は，2年生以降もあります。その子の自由な発想が，みんなの学習のためになっていることを伝えます。

●図を丁寧に読み取った子ども

　算数の「図を使って考えよう」では，問題に書かれている内容を見落とさないように図に表して考えることで，正確に答えを求めることができました。

先生がどのように指導して，子どもがどうなったのかがわかりますね。

●字が雑な子ども

　字を丁寧に書こうという気持ちはありますが，なかなか○○さんの思うように書けません。視写のときには，お手本をしっかりと見ながら，何度も書き直しをして，一生懸命読みやすい字を書こうとする努力が伝わりました。

どうしても読みにくい字になってしまう子。少しでもよりよい字になるように努力していることを伝えます。

●みんなをまとめる子ども

　学級で並ぶときに，並ばずに関係のないことをしている友だちに「早く並ぼうよ」と優しく声かけをする姿がありました。全体を見て気づき，進んで行動できる姿はすばらしいです。

低学年のうちから全体を見て注意できる子を育てていきたいですね。

（田中　直毅）

【執筆者一覧】

小倉美佐枝 (佐賀県唐津市立入野小学校)

浅野　英樹 (公立小学校)

尾崎　正美 (岡山県瀬戸内市立国府小学校)

鹿野　哲子 (北海道岩見沢市立中央小学校)

加倉井英紀 (福島市立野田小学校)

渡邉　駿嗣 (福岡教育大学附属福岡小学校)

荒畑美貴子 (NPO 法人 TISEC)

平子　大樹 (埼玉県久喜市立久喜小学校)

黒川　孝明 (熊本市立力合小学校)

佐々木陽子 (東京都江戸川区立大杉小学校)

鈴木　邦明 (帝京平成大学)

藤木美智代 (千葉県船橋市立大穴小学校)

垣内　幸太 (大阪府箕面市立箕面小学校)

堀内　成美 (シンガポール日本人学校)

比江嶋　哲 (宮崎県都城市立西小学校)

前田　健太 (慶應義塾横浜初等部)

田中翔一郎 (大阪府堺市立登美丘南小学校)

田村　直 (千葉大学教育学部附属小学校)

久下　亘 (群馬県高崎市立東小学校)

安藤　浩太 (東京都昭島市立光華小学校)

日野　勝 (宮城県仙台市立片平丁小学校)

田中　直毅 (滋賀県高島市立高島小学校)

藤原　友和 (北海道函館市立万年橋小学校)

堀井　悠平 (徳島県石井町石井小学校)

土師　尚美 (大阪府池田市立秦野小学校)

日野　英之 (大阪府箕面市教育委員会)

工藤　智 (大阪府箕面市立西南小学校)

有松　浩司 (広島県竹原市立忠海学園)

松下ゆか理 (元公立小学校)

佐橋　慶彦 (愛知県名古屋市立守山小学校)

【編者紹介】
『授業力&学級経営力』編集部
(じゅぎょうりょく&がっきゅうけいえいりょくへんしゅうぶ)

『授業力&学級経営力』

毎月12日発売

教育雑誌を読むなら
定期購読が、こんなにお得

特典
1　年間購読料が２か月分無料
月刊誌の年間購読（１２冊）を１０か月分の料金でお届けします。
※隔月誌・季刊誌・臨時増刊号は対象外です。

特典
2　雑誌のデータ版を無料閲覧
紙版発売の１か月後に購読雑誌のデータ版を閲覧いただけます。
※定期購読契約いただいた月よりご利用いただけます。

１年間まるっとおまかせ！

小１担任のための学級経営大事典

2024年3月初版第１刷刊　©編　者　『授業力&学級経営力』編集部
発行者　藤　原　光　政
発行所　明治図書出版株式会社
http://www.meijitosho.co.jp
（企画）新井皓士（校正）山根多恵・丹治梨奈
〒114-0023　東京都北区滝野川7-46-1
振替00160-5-151318　電話03(5907)6701
ご注文窓口　電話03(5907)6668
＊検印省略
組版所　広　研　印　刷　株　式　会　社

Printed in Japan　　　　　　ISBN978-4-18-370121-3
もれなくクーポンがもらえる！読者アンケートはこちらから